OFFICIAL SELECTION
COMPETITION
FESTIVAL DE CANNES

제60회 칸 국제영화제
경쟁부문 진출작 & 여우주연상 수상작

주요 수상 및 선정 내역

제60회 칸 국제영화제 경쟁부문 진출, 여우주연상(전도연)

제1회 아시아태평양 스크린 어워즈 최우수 작품상, 여우주연상

제6회 대한민국 영화대상 작품상, 감독상, 여우주연상, 남우주연상

제2회 아시아 필름 어워즈 최우수 작품상, 감독상, 여우주연상

제10회 디렉터스컷 어워즈 감독상, 여우주연상, 남우주연상

제44회 백상예술대상 영화부문 감독상

제28회 청룡영화상 여우주연상

제44회 대종상영화제 특별상(전도연)

제27회 한국영화평론가협회상 여우주연상

제8회 올해의 여성영화인상 연기상(전도연)

제3회 대한민국 대학영화제 여우주연상

제19회 팜스프링스 국제영화제 남우주연상(송강호)

《인디와이어》 2007 북미 미개봉작 최고의 영화

《빌리지보이스》 2007 북미 미개봉작 최고의 영화

《씨네21》 선정 2007 올해의 영화

내가 그 인간을 용서하기도 전에
어떻게 하나님이 먼저 그를 용서할 수 있어요?

— 신애의 대사 중에서

밀양이 어떤 곳이냐? 뭐라 카겠노…….
똑같아예. 딴 데하고……. 사람 사는 데 다 똑같지예.

— 종찬의 대사 중에서

• 이소영은 제주대 사회교육과 교수이다. 고려대학교 법과대학을 졸업하고 같은 학교에서 석사와 박사 학위를 받았다. 2017년부터 《경향신문》에 연재한 칼럼을 모은 책 《별것 아닌 선의》를 펴냈다. 법과 사회적 기억의 관계, 특히 법을 '기억의 정치'의 무기로 끌어와 사용할 때 발생하는 문제들에 관심이 많다.

고통받는 존재들을 비추는 비밀의 빛

이소영*

마음이 시끄럽거나 지칠 때 몇 번이고 다시 감상하며 익숙한 온기로부터 위로를 구하는 영화가 있는 한편, 단 한 차례의 감상으로 불에 덴 듯한 각인이 내면에 새겨지는 영화도 있다. 짐작건대 '밀양'은 많은 이들에게 후자의 경우에 속할 테다. 내게도 그랬다. 그럼에도 이 영화를 이제껏 네 번 본 것은 오롯이 자의만은 아닌 몇몇 우연적 정황들 때문이었다. 볼 때마다 힘겨웠지만 그 고통 중에 매번 다른 무언가가 시야에 들어왔고, 매번 새로운 깨달음을 선물처럼 얻었다. 영화업계 종사자도 아니고 등단한 평론가도 아니면서 '추천의 글'을 감히 보탤 용기를 낸 것은 그 경험을 나누고 싶어서다.

&

처음 '밀양'을 보았을 때 제일 먼저 떠오른 감상은 '종교란 잔인하구나.'였다. 아들 잃은 어머니의 고통을 절묘하게 파고들어 인간이 약해진 순간을 낚아채 이용하는구나 싶었다. 두 번째 보았을 때는 종교가 신애를 낚아채어 파고든 게 아니라 반대로 그녀가 종교를 그러쥐었으리란 생각을 했다. 고통으로 못 살 것 같으니 살기 위해선 뭐든 붙들어야 했고, 때마침 잡힌 대상이 '주님'이었다. 그녀는 열렬한 교인이 된다. 주위에선 그런 그녀더러 이해가 안 된다며, 아들 잃고도 사랑에 빠진 사람처럼 보인다고 말한다. 실제로 동네 여자들에게 교회에 함께 나가자고 권하는 신애의 표정은 "같이 오빠 공연보러 가자."라고 말하는 중학생 아이돌 팬 같았다. 짝사랑하는 선배 오빠는 나한테 눈길 한번 안 주고 고등학생 언니한테만 다정히 말 걸어 내 마음을 찢지만, 일상에서 닿지 못할 '아이돌 오빠'는 적어도 상상 안에선 바라던 모습 그대로이듯, 신(神)은 현실로 성큼 걸어 들어와 나를 상처 입히지 않는다. 각자의 신앙적 상상 속에서 바라던 모습으로 나에게 다정히 말을 건넬 테니까.

신애는 신을 사랑한다 믿었다. 그 사랑이 자신을 변화시켜 원수를 사랑할 수 있게 되었다고. 그렇지만 그건 그녀가 그토록 사랑한 '하나님'이 원하던 방식은 아니었을 것이다. 유괴범의 딸이 불량한 남자아이들에게 얻어맞는 걸 목격하고, 죄인의 죄 없는 피붙이의 눈길을 똑바로 맞닥뜨리고서도 그녀는 그대로 자리를 뜬다. 누가 이를 비난할 수 있을까. 그 순간 원수를 진실로 사랑하라고 충고할 자격 따윈 누구한테도 없다. 인간에게서 인간 이상을 기대하면 안 될 테니까.

문제는 그런 그녀가 원수를 용서하기 위해 교도소로 향할 결심을 했음에 있다. 그녀는 스스로에게서 인간 이상을 기대한 셈이다. 종교보다 잔인했던 건 어쩌면 그녀 자신이었다. 그 배후엔 '내가 이렇게까지 하는데……'라는 실낱같은 기대가 깃들게 마련이다. 애써 밥알을 삼키며 '주기도문'을 외다 뒤편 화장실의 인기척을 듣고서 잠시나마 품었던 '죽은 자의 되살아남'에 대한 기대 같은, 그런. 환한 그녀의 표정이 조마조마했던 것도 그래서였다. 자학과 실현되지 못할 것에 대한 기대로 애써 억눌러온 감정은 파괴적 방식으로 폭발할 수밖에 없었다.

화면 속의 햇볕이 시야에 들어온 건 세 번째 보았을 때였다. 주저앉은 신애의 머리칼 위로, 풀밭에 드러누운 채 "보고 있어?"라며 하늘 향해 부릅뜨던 그녀의 눈길 위로, 거실의 커튼 사이로, 마당 귀퉁이로, 마지막 장면까지 내내 따라다니던 한 줌의 볕. 신애가 이후 다시는 신에게 마음 열지 않더라도 볕 한 줌은 공기처럼 그녀에게 가만가만 가닿겠지. 그 생각은 위로가 되었다.

&

이 글을 쓰기 전, 영화를 네 번째 보았다. 더는 새로울 게 없으리라 짐작했는데 뜻밖의 장면에 시선이 머물렀다. 죄인의 죄 없는 피붙이 손에 끝내 자신의 머리칼을 맡기지 못하고 커트 도중 미용실을 뛰쳐나간 신애는 옷가게 주인과 마주친다. 그녀는 신애의 손을 잡아끈다. "내가 자기 말대로 인테리어 바꿔뿟다. (…) 하도 장사가 안돼가지고 밝은 색으로 확 바꿔뿟다 아이가. 그랬더마 진짜 매상이 오르데?"

가게 인테리어를 바꾸면 볕이 잘 들어 한층 환하게 보일 거라던 신애의 조언을 서울 여자의 잘난 체라 흉보고, 친구들과 "시부모 제사 안 지내기 위해 교회나 다닐까?" 하며 농담이나 주고받던 그녀는 그저 그런 '속(俗)'의 사람 중 하나였다. 그렇지만 신애에게 무심결에 "미쳤는갑다." 말해놓고서 아차 싶어 당황하던 그녀 앞에서 신애는 아이의 죽음 이후 처음으로 종교가 이끌어낸 웃음이 아닌 자연스러운 웃음을 짓는다. 그때 쇼윈도에 투영된 신애의 실루엣 위로 포개어지던 햇볕.

신애의 곁을 맴돌던 종찬 또한 그저 그런 '속'의 사람이었다. 어머니와의 통화 장면에서 짐작할 수 있듯 그는 모두에게 다정다감한 사람은 아니었을 거다. 신애였으니 그렇게 해준 거다. 종찬에게 신애는 황순원의 단편소설 〈소나기〉의 소년 눈에 비친 소녀였을까. 신애의 남동생 말대로 종찬은 그녀의 "취향이 아니"었고 그의 살뜰한 보살핌은 그녀가 바라서 얻은 게 아니었다. 그렇지만……. 마지막 장면에서 카메라는 스스로 머리칼을 자르는 신애를 비추다 서서히 물러서며 마당 구석진 곳의 볕 한 줌에 가닿는다. 무척 좋아하는 장면인데,

이번에 처음 알았다. 그 볕 가운데 일부는 종찬이 엉거주춤 들고 서 있던 거울에 반사된 것임을.

&

언젠가 해 질 무렵 나무 아래 벤치에서 누군가와 이야기를 나누었다. 내 입에서 나올 어떤 말도 그에게 힘이나 위로가 못 될 것을 알았다. 꺼내어 나누어 줄 환한 빛이 내 안에 없음도 알았다. 다만 신애처럼 깊은 고통 속에 있을 그에게 '빽빽하고도 편재한' '비밀스러운' 볕을 반사하여 가닿게 할 종찬의 거울 조각이 되길 바랐다. 무슨 말을 어떻게 건네야 할지, 단어를 고르고 내려놓길 반복하며 몸을 구부린 채 오랫동안 귀 기울이던 나란 존재가.

견딜 수 없는 경험에 관한, 그것 자체로 견딜 수 없지는 않은 영화를 어떻게 만들어야 할까? 그 대답은 예술에 대한 견고하고 오랜 시간에 걸쳐 검증된 정의에 가까울 것이며, 그중 한 가지는 인간이 겪는 삶의 고통에 이해 가능한, 그래서 위안을 줄 수 있는 형식을 부여하는 것이다. 그리하여 또한, 사람들이 감당하고 견딜 수 있는 최악의 상황 속에서 최소한의 밝은 가능성의 징후를 포착해내는 것이다. 즉 *Secret Sunshine*이란 제목은 도덕적이면서도 기묘하게 깨달음을 주는 이 영화의 특성을 보여준다. 절대적 어둠의 그림을 상기시키면서, 그럼에도 불구하고 한 줄기 빛을 던지는 것이다. (…) '밀양'의 완벽함을 칭송하는 것은, 말로 표현할 수 없는 범죄와 감당할 수 없는 마음속 고통뿐 아니라 사소한 불행과 불편함들에도 주의를 기울이는 이 영화 본연의 미덕을 잘못 전달하는 위험을 감수하는 것일지 모른다. '밀양'은 세계 영화계의 한 주역이 만들어낸 위대한 작품이다.
—《뉴욕타임스 *The New York Times*》

모자람 없이 훌륭하다. 이창동은 우리가 일상에서 겪는 작은 성공의 기쁨과 커다란 비극, 그리고 그런 것들을 극복해나가는 인간의 대단한 능력을 찬미한다. —《LA 위클리 *LA Weekly*》

이 영화는 전적으로 전도연의 것이다. 그녀의 격렬한 연기는 위안을 찾는 여인의 모습과 고통을 덜기 위해 절실하게 노력하는 과정을 보여준다. '밀양'은 예술영화임을 뽐내는 작품이 아니다. 이 영화는 날카롭고 감수성으로 충만해 있으며, 너무나 자연스러운 분위기와 현실감 넘치는 화법으로 인간 존재의 심오한 진실을 드러낸다. —《인디와이어 *IndieWire*》

이 영화의 마지막 장면은 결코 확신할 수 없는, 그럼에도 계속되어야 하는 인생의 현실을 잘 담고 있다. 이것은 곱씹어볼 만한 성취이다. ―《할리우드 리포터 The Hollywood Reporter》

'밀양'은 날카로운 작가주의 영화와 상업영화 사이의 균형을 유지하는 영화이다. 한국영화가 발휘하는 활력의 중심에 있는 이창동 감독은 대중적이면서도 고품격의 예술을 보여준다. 영화는 통속에 대한 탐구에서 수사물적인 국면을 엿보다가 형이상학적 질문을 향해 접어든다. 이 작품은 악에 대해 묻고 있으며, 작가가 이 질문에 대한 답을 작품에서 유보한 점은 매우 일리 있다. ―《르 몽드 Le Monde》

회복될 수 없는 상처에 맞서는 젊은 여자 신애는 눈물이 마구 흘러도 마치 이 작품이 그러한 것처럼 비애감에 휘말려들지 않고, 종교적 환상의 절대적 구원에 매달리기를 거절하면서 광기의 강 어귀에 다다른다. 이창동 감독은 이 네 번째 영화에서 다시 한번 그 자신이 취해야 할 주제와 연기자들을 찾아냈다. 우리는 그에게 깊이 감사한다. ―《뤼마니테 L'Humanité》

이창동은 절대적인 진실을 강요하지 않는다. 그는 평소처럼 자신이 글로 쓰고 영화화한 적이 있는 상황들의 유사성 안에서 모든 힘을 쏟아붓고 있으며, 그의 스타일은 우리가 상상할 수 있었던 것보다 덜 으스댄다. 이런 겸손함은 스타들의 사인 공세가 범람하는 칸 영화제의 분위기에 질려가던 중 매우 반가운 것이었다. ―《리베라시옹 Libération》

이 영화는 몇 개의 다른 국면을 갖고 있으며 인간의 고통과 그 결과에 대한 브레송적인 연구라 할 만하다. 칸 경쟁부문의 다른 영화 중 극소수의 영화만이 이 영화의 수준에 도달한다. ―《이브닝 스탠더드 Evening Standard》

밀양

Secret
Sunshine

이창동 각본집

아를

일러두기

- 이창동 감독이 각본을 쓰고 연출한 영화 '밀양'(2007)의 원작은 이청준(1939~2008)의 단편소설 〈벌레 이야기〉이다. 이 소설은 계간지 《외국문학》 1985년 여름호에 최초 발표되었고, 현재 이청준 전집(제20권, 문학과지성사)에 수록되어 있다.

- 이 책에 수록된 '오리지널 시나리오'는 극장 상영용 프린트(최종본 필름)와 가장 가까운 내용을 담은 최종 수정본이다.

- 부록의 '시놉시스'와 '트리트먼트'는 시나리오와 동일한 내용의 요약이 아니라 원래의 시나리오 창작 과정에서 최초의 구상이 그대로 남아 있는 것을 수록했다. 즉 오리지널 시나리오와 비교해 줄거리나 장면들에서 상당한 차이가 있다. 이를 통해 지금까지 알려지지 않은 또 다른 버전의 '밀양'을 비교 감상할 수 있다.

- 국립국어원의 한글 맞춤법에 따르는 것을 원칙으로 했으나, 일부 지문과 대사는 작가의 표기를 그대로 살렸다.

- 영화·노래 제목은 작은따옴표(' '), 책·잡지 제목은 겹화살괄호(《 》), 단편소설은 홑화살괄호(〈 〉)를 사용했다.

- 이 책에 나오는 주요 시나리오 용어는 다음과 같다.

  ○ 오프스크린 사운드(O.S.: Off-screen Sound): 인물은 보이지 않고 목소리만 들림.
  ○ 이펙트(E: Effect): 효과음.
  ○ 트랙백 (T.B.: Track Back): 피사체로부터 카메라가 후퇴하는 것.
  ○ 틸트다운(Tilt-down): 카메라의 위치를 고정한 채 아래를 보도록 움직이는 것.
  ○ 팔로우(Follow): 카메라가 인물을 뒤쫓아가며 촬영함.
  ○ 팬(Pan): 카메라 위치를 고정한 채 왼쪽 또는 오른쪽을 보도록 옆으로 움직이는 것.
  ○ 페이드아웃(F.O.: Fade Out): 화면이 차츰 어두워짐.
  ○ 페이드인(F.I.: Fade In): 화면이 차츰 밝아짐.
  ○ 프레임인(Frame in): 화면 속으로 인물 등의 피사체가 들어옴.

차례

말할 수 없는 것을 이야기하기 위하여

내가 이청준 선생의 단편소설 〈벌레 이야기〉를 처음 읽은 것은 국회에서 광주 학살의 진상 규명을 위한 5공 청문회가 열리고 있던 1988년 가을이었다. 나는 그 소설을 광주 학살에 대해 정치적 마무리를 하려는 사회적 흐름을 향한 피해자들의 통렬한 항변으로 읽었다. 물론 그때는 내가 영화를 만드는 직업을 가지게 될 것이라고 상상도 하지 않았을 때였지만, 그 소설을 읽었을 때의 깊은 충격은 하나의 씨앗으로 내 안에 뿌려진 뒤 시간이 갈수록 점점 자라나고 있었던 것 같다.

'오아시스'(2002)를 끝내고부터 나는 자연스럽게 그 이야기를 영화로 만들어야겠다는 생각이 들었고, 잠시 영화판을 떠나 있는 동안에도 어서 그 과제를 해야 한다는 조바심을 느낄 정도였다. 마치 내 안에서 뿌리 내리고 자란 그 무엇이 이제 내보내달라고 문을 두드리고 있는 것처럼. 그리고 이상하게도 영화를 만든다면 그 이야기의 공간적 배경은 밀양이 되어야 할 것이라고 생각했다.

경상남도 밀양은 내가 태어나고 성장한 대구에서 자동차로 한 시간쯤 걸리는 가까운 곳이다. 하지만 실제로 내가 처음 그곳에 가본 것은 대학 1학년 어느 봄날이었는데, 첫인상은 다른 곳과 전혀 다를 바 없는 평범함과 '특징 없음'이었다. 그 시절 한국의 여느 소도시들이 그랬듯이 거칠고 조악한 도시화가 진행되고 있었고, 밀양만이 가지고 있었을 과거의 개성과 품위는 빠르게 퇴색하면서 낡아가고 있다는 느낌이었다. 어쩌면 나는 '빽빽한 햇볕'일 수도 있고 '비밀스러운 햇볕'일 수도 있는 그 시적(詩的)인 이름 때문에 막연히 뭔가 다른 것을 기대하고 있었는지도 모른다. 그리고 그날 가장 인상적이었던 것은 놀랍게도 영남루에 올라갔을 때 칠이 벗겨진 낡은 나무 난간에 기대어 바라본 햇볕이었다. 밀양천의 반짝이는 모래밭을 가득 채우고 있던 봄날의 햇볕은 '밀양(密陽)'이란 이름 그대로 빽빽하기도 했고, 뭔가 비밀스런 의미를 지니고 있는 것 같기도 했다. 그때 나는 지극히 평범한 그 속물적 공간과 투명한 햇볕의 대비가 왠지 우리 인생을 상징하는 것 같다고 생각했다.

"우리는 말할 수 없는 것에 대해서 침묵해야만 한다." 그 무렵 내 수첩에 적혀 있던 비트겐슈타인의 말이다. 작가 지망생이었던 나는 그 말을 '작가는 말할 수 없는 것을 어떻게 이야기해야 하는가?'라는 질문으로 삼고 있었다. 〈벌레 이야기〉

는 바로 그 '말할 수 없는 것'에 대해서 가장 대담한 방식으로 이야기한 소설이라 할 수 있다. 그리고 '밀양'의 시나리오를 쓰면서 나는 그 질문에 대해 내 나름의 영화적 방식으로 답을 찾아야 했다.

우리는 타인의 고통에 대하여 함부로 말할 수 없다. 가해자가 있는 피해자의 고통인 경우에 더욱 그렇다. 용서 이전에 고통이 문제가 되는 것이다. 인간이라면 누구나 참을 수 없는 고통과 맞닥뜨리게 되지만, 문제는 타인의 고통은 그만큼 느끼지 못한다는 것이다. 그렇다면 영화는 타인의 고통을 어떻게 전달하는가. 고통받기 싫어하는 관객들에게 어떤 방식으로 고통을 공유하도록 해야 하는가. 과연 그것이 가능할까. 시나리오를 쓰기 시작하고부터 촬영하는 내내 나는 그 의심에서 벗어날 수 없었다.
　나의 그 의심과 불안은 촬영장에서 신애 역을 맡은 전도연 씨에게 고스란히 전염되었을 것이다. 나는 그녀에게 신애의 고통을 '표현'하지 말고 자기 것으로 받아들이고 '느끼라'고 주문했으나, 사실은 불가능한 것을 요구한 것이었다. 그럼에도 불구하고 한계를 넘어서는 고통을 자기 것으로 받아들이고 견디어낸 그녀는 나의 그치지 않는 의심에 대해 연기로 대답한 셈이다. 그런가 하면 그 견딜 수 없는 고통에 대한 진정제처럼 시종일관 영화 전체의 무게를 가볍게 하면서 균형을

　　　　　　　　　　　　밀양 각본집

잡아준 송강호의 연기는 내가 기대한 것을 넘어선 또 다른 방식의 응답이었다.

영화를 만드는 관점에서 한 걸음 더 나아가보면, 비트겐슈타인의 명제는 '눈에 보이는 것과 보이지 않는 것'에 관한 질문으로 바꿀 수 있을 것이다. 영화는 눈에 보이지 않는 것을 어떻게 보여주는가. 그것은 결국 '영화는 눈에 보이는 것을 어떻게 보여줘야 하는가?'와 같은 질문이다. 나는 눈에 보이지 않는 것을 말하는 대신, 눈앞에 보이는 것을 있는 그대로 보여주고자 했다. 밀양의 그 특별할 것 없는 공간과 그곳에 살고 있는 사람들의 있는 그대로의 일상, 그리고 햇볕.

그러자면 무엇보다 연출되고 만들어진 것이 아니라 '진짜' 같은 일상의 모습들이 필요했다. 그래서 시나리오를 쓰기 전에 연출부들이 밀양에 내려가서 오래 취재했고, 고맙게도 그때 만났던 주민들은 놀라울 만큼 적극적으로 취재를 도와주었다. 이 시나리오에 생생하게 느껴지는 디테일이 있다면 그때 취재 카메라 앞에서 자신들의 일상을 숨김없이 제공해준 그분들 덕분이다. 밀양 주민들 중에는 영화에 직접 출연하신 분들도 많았는데, 특히 교회 신자분들이 그랬다.

야외 부흥회 장면의 설교는 목사 역으로 직접 출연해주신 대구 주현교회의 임광명 목사께서 직접 쓰신 설교문이다. 나는 교회의 예배 장면, 특히 부흥회 장면은 영화를 위해 편의적으로 과장되거나 왜곡되어서는 안 된다고 생각했다. 그래서 야외 부흥회 장면은 영화 속 가상의 상황이 아니라 진짜 부흥회로 진행하고자 했고, 임 목사께서는 그곳에 모인 출연자들(대부분이 밀양 주민이었다) 대상으로 원래 주어진 대사가 아니라 자신이 해석한 영화의 주제대로 생명의 소중함과 가치에 대해 설교했던 것이다.

일상적이고 평범한 밀양의 공간 자체가 중요했기 때문에, 우리는 교도소 등 한두 장소를 제외하고는 모든 장면을 밀양에서 찍었다. 아파트를 빌려서 4개월 이상 가족처럼 함께 지낸 스태프들과 배우들은 나의 끝날 줄 모르는 의심에 답을 찾아주려고 끝까지 노력했다.

촬영 중에 시나리오의 내용을 크게 바꾸어야 하는 일이 생기기도 했다. 클라이맥스에 해당하는 장면을 늦가을 저수지에서 촬영했으나 기술적인 문제로 쓸 수 없게 되었고, 날이 추워져서 다시 찍을 수도 없는 상황이 되었던 것이다. 원래의 시나리오는 신에 대한 신애의 분노와 싸움이 점점 격렬해지면서(즉 광기가 점점 심해지면서), 저수지의 차가운 물속에서 보이지 않는 신과 마지막 결투를 벌이는 플롯이었는데, 그 클라이맥스를 바꿀 수밖에 없게 된 것이다.

촬영을 하다 보면 어쩔 수 없이 크고 작은 어려움을 겪게 되는데, 그때가 나의 영화 경력 중에서 가장 큰 위기 중 하나였던 것 같다. 2주간 촬영을 중단하고 시나리오를 고치는 작업을 했는데, 도무지 답이 없을 것 같던 절망감 속에서 기적적으로 대안을 찾아내었을 뿐 아니라, 그것이 원래의 이야기가 보이지 않게 예비하고 있던 결말이었음을 깨달았을 때의 놀라움에 대해서도 얘기해두고 싶다.

이 책에 실린 시나리오는 최종적으로 바뀐 내용을 담았다. 그러나 시놉시스와 트리트먼트는 시나리오의 요약이 아니라 원래의 시나리오 창작 과정에서 발전해간 그대로를 실었다. 혹시 최초의 구상이 어떤 식으로 변했는지, 원래의 시나리오가 촬영 중에 어떤 식으로 극적으로 바뀌었는지 알고 싶은 독자라면 비교해서 읽어보는 것도 흥미로울 것이다.

늘 그렇듯 영화를 이해하는 데 큰 도움을 주는, 꼭 필요하면서도 깊이 있는 인터뷰를 해주신 김영진, 이동진 두 분께 감사드린다. 정희진, 이소영 두 분의 에세이와 추천사는 독자들에 앞서 먼저 내게 성찰과 위로, 용기를 주었다. 두 분께도 깊은 감사의 마음을 전해드리고 싶다. 마지막으로 '시'와 '버닝'에 이어 이번 각본집까지 정성을 다해 편집하고 훌륭하게 꾸며준 아를 출판사의 노고에 감사한다.

2022년 11월
이창동

밀양 *Secret Sunshine*

오리지널 시나리오

등장인물

이신애 (33세)

김종찬 (39세)

박도섭 (42세)

이민기 (31세)

준 (7세)

정아 (16세)

김집사 (40대 중반)

강장로

신사장

양장점 주인

목사

오집사

박명숙

부흥회 목사

기도회 노목사

박회장

주방장, 종찬 친구들

그 밖에 반장, 형사들, 경찰관,

시어머니, 시댁 가족들,

밀양 동네 사람들……

1. 도로 (외부/낮)

화면은 구름이 드문드문 있는 푸른 하늘에서부터 시작한다. 카메라가 눈에 띄지 않게 천천히 물러나면, 누군가의 시점으로 차 안에서 바라보는 하늘임을 알게 된다. 약간 앙각. 승용차의 전면 유리창을 통해 보이는 준의 얼굴. 머리를 예쁘게 염색한 일곱 살 남짓한 남자아이. 따분해하고 약간 지쳐 보인다. 그 얼굴 위로 구름이 흩어진 푸른 하늘이 반사되어 있다. 아이는 눈살을 찌푸린 채 약간 화가 난 것처럼 하늘을 쳐다보고 있다. 아까부터 신애의 전화하는 소리 들린다.

신애(O.S)　　여기가 어딘지 모르겠어요. 아까 밀양 5킬로라고 쓰인 표지판을 지나오긴 했는데…….

밀양시 외곽의 어느 한적한 국도변. 승용차 한 대가 길가에 멈춰 있고, 이신애(33세)가 차에서 내려 전화를 하고 있다. 통화 내용으로 봐서 차가 고장이 나서 카센터에 전화하고 있는 듯하다. 일곱 살 난 아이의 엄마치고는 아주 앳된 느낌을 주는 얼굴이다. 어떻게 보면 그녀 자신이 고집 세고 철없는 어린아이 같기도 하고, 한편으로는 이미 세상살이의 어려움을 다 터득한 듯한 느낌을 주기도 하는, 묘하게도 이중적인 인상을 가졌다.

신애   어디서 왔냐구요? 글쎄요, 어디서 왔나? (스스
                로도 우습나는 듯 소리 내어 웃는나.) 질 안 봤어요.
                잠깐만요…….

그녀가 팔을 요란하게 흔든다. 달려오던 트럭 한 대가 그녀를
지나치는가 싶더니, 저만치 가서 선다. 달려가는 신애. 트럭
기사가 신애의 핸드폰으로 통화하면서 그녀 대신 위치를 설
명해주고 있다. 신애는 기사의 심한 경상도 사투리가 재미있
다는 표정이다.

기사   여, 여가 어데고 카마, 밀양서 다리 건너가 청
                도로 빠지는 20번 도로로 들어와갖고 한 8키로
                지점쯤 되겠네예. 예, 차가 비상 깜빡이 키고 있
                으이께네…… 금방 보입니더. (신애에게 전화기
                를 건넨다.)
신애   감사합니다. (출발하는 트럭을 보며 다시 통화한
                다.) 위치 아셨어요? 빨리 와주세요…….

그녀는 자기 차를 향해 걸어간다.

신애   (차창을 두드리며) 준! 차 안에만 있지 말고 내려
                서 맑은 공기 좀 쐐!

준은 왠지 심통이 난 것처럼 꼼짝도 않는다. 차 문을 열고 아이를 안아 내리는 신애. 아이는 내리기 싫다는 듯 공처럼 몸을 웅크린 채 다리를 달랑 들고 있다.

신애   (장난스럽게 위협한다.) 떨어트린다……?

아랑곳하지 않는 아이. 그녀는 아이의 심술에 화가 나지만 참는 눈치다. 아이를 그대로 바닥에 내려놓고 몇 걸음 걷다가 돌아보면, 아이는 여전히 다리를 웅크린 자세로 그 자리에 있다. 길 아래쪽으로 내려가는 척하면서 신애는 아이의 관심을 끌려는 듯 일부러 호들갑스럽게 소리를 지른다.

신애   어마! 이게 뭐야?

아이는 들은 척도 않는다. 신애가 돌아보면, 아이는 그 자리에 그대로 웅크린 자세로 있다가 갑자기 스르르 땅에 드러눕는다. 신애가 다가와 아이를 내려다본다. 아이는 죽은 척 눈을 감고 누워 있다. 신애가 쪼그리고 앉아 아이를 간질인다. 반응이 없다. 죽은 척하는 아이의 연기는 완벽하다. 장난스럽게 웃으며 간지럼을 태우던 신애가 갑자기 신경질적으로 소리친다.

신애   야! 일어나! 일어나아!

그제야 아이가 몸을 일으키며 엄마를 쳐다본다.

신애   이게 뭐야? 옷에 흙 다 묻었잖아!

장난치며 웃는 것이나 갑자기 화를 내는 것이나 약간 도가 지
나친 듯이 보인다. 그런데도 아이는 엄마의 그런 모습에 익숙
한 것 같다.

2. 개울 (외부/낮)

도로 아래의 작은 개울가. 신애와 아이가 나란히 앉아 있다.
마치 나들이라도 나온 것 같다. 가을 햇볕이 내리쬐는 주위의
풍경은 별난 것이 없지만, 그런대로 평화롭긴 하다.

신애   (감탄하듯) 좋다…… 그지?
준   뭐가 좋아?
신애   (잠깐 말이 막히다가) ……햇볕.
준   …….
신애   준, 여기 아빠 고향이야. 아빠가 늘 밀양에 가서

살고 싶다고 했잖아. 기억나지?

준   아빠 없잖아.

신애   아빠가 없어도, 우리가 있잖아.

아빠 생각이 나서인지 아이는 말이 없다. 신애는 갑자기 아이를 와락 끌어안고 아이의 뺨에 자신의 뺨을 갖다 댄다. 아이가 엄마를 뿌리치려 하자, 그녀는 더욱 얼굴을 붙이며 장난스럽게 말한다.

신애   어, 붙었다! 안 떨어진다……!

그러나 아이는 손으로 엄마의 얼굴을 간단히 밀어내버린다. 도로 쪽에서 빵빵 경적 소리가 울린다.

3. 도로 (외부/낮)

김종찬(39세)이 고장 난 차의 보닛을 열어놓고 손을 보고 있다. 작업을 하면서 종찬은 준에게 실없이 말을 건다.

종찬   어이, 총각! 니 머리 스타일이 와 그러노? (아이
             는 대답이 없다.) 몇 살이고? (그래도 대답이 없자)

	뭐 안 좋은 일 있나?
준	……껌 있어요?
종찬	껌? 껌 없다! (신애에게) 밀양이 처음이십니꺼?
신애	예, 처음이에요.
종찬	여행 다니시는 모양이지예?
신애	(잠깐 대답을 망설이다가) 아뇨. 밀양에 살러 왔어요.
종찬	살러 왔다고예? (믿기지 않는다는 듯 신애의 얼굴을 쳐다본다.)

그는 운전석으로 와서 시동을 걸어본다. 그러나 시동이 걸리지 않는다.

4. 차 안 (외부/낮)

신애와 준이 운전을 하는 종찬의 옆자리에 앉아 있다. 종찬이 어딘가에 수다스럽게 전화 통화를 하는 동안, 신애는 곁에 앉은 준에게 손가락 장난을 하고 있다. 뒤쪽 차창으로 견인되어 있는 신애의 차가 보인다.

종찬	헹님, 저 종찬입니다. 어뎅교? …… 헹님, 제가

예, 밖에 일 나와가 있는데, 여기 손님이, 서울
서 오신 여자분인데, 밀양에 집을 구하신다 카
네예. 가게 달린 집…….가게는 피아노 학원!
밀양에서 피아노 학원 해보실 생각인 모양인데
헹님이 잘 좀 소개해주시면 좋겠네예. 예? (소
리 내어 웃으며) 헤헤 이, 와 이캅니꺼. 예. 그라
입시더. (전화를 끊고 나서 신애를 돌아보며) 이 양
반, 부동산 중개소 사장인데 내 말이라 카마 꼼
짝 못 합니더.

신애 아저씨, 밀양은 어떤 곳이에요?

종찬 밀양이 어떤 곳이냐고예? 밀양이 어떤 곳이냐?
(그 질문이 그를 약간 당황하게 한 것 같다. 마치 밀
양이 어떤 곳인지 한 번도 생각해보지 않은 듯이.)
뭐라 카겠노…… 경기는 엉망이고예, 그다음
에…… 한나라당 도시고, 그다음에…… 부산하
고 가깝고, 말씨도 부산 말씨고. 좀 급하고, 말
씨가. 인구는 십오만 정도였다가 요새는 한 십
만으로 줄었고…….

신애 (말없이 창밖을 보다가) 아저씨, 밀양이란 이름이
무슨 뜻인지 아세요?

종찬 뜻요? (모른다.) 우리가 뭐 뜻 보고 삽니꺼? 그
냥 사는 거지.

신애	한자로 비밀 밀(密), 볕 양(陽). 비밀의 햇볕. 뜻 좋죠?
종찬	비밀의 햇볕……. 좋네예. (괜히 킬킬거리며 웃는다.)

그는 말없이 앞을 보며 운전을 계속한다. 그러나 자신의 옆에 앉은 이 낯선 여인이 왠지 흥미를 끄는 눈치다. 그는 고개를 돌려 신애를 한번 보고 싶은 충동을 참고 있다. 마침내 그가 고개를 돌려 신애를 쳐다본다. 그러다가 신애와 눈이 마주치고 말았다.

종찬	(혼잣말처럼) ……오늘 바람 마이 부네.

지저분한 차창 너머 멀리 들판 사이로 저물어가는 햇볕 속의 밀양 시가지가 흔들리며 다가오고 있다.
그 위로 타이틀 "밀양 Secret Sunshine"이 떠오른다. F.O.

5. 거리 (외부/낮)

석 달 뒤. F.I. 되면, 밀양 시내 어느 골목길을 걸어가고 있는 신애의 뒷모습을 카메라가 따라간다. 조금 피곤한 듯한 걸음걸이. 그녀의 곁에 준이 따라가고 있다. 이윽고 어느 전신주

앞에서 걸음을 멈추고 전단지를 붙인다. "원생 모집, '준 피아노 학원', 서울 ○○대학 음대 졸업, 피아노 전공" 등의 선전 글귀가 보인다. 이윽고 다시 걷기 시작하는 두 사람.

6. 카센터 (외부/낮)

'서광 카센터'의 작업장에서 종찬이 일하고 있다. 커피 배달 온 다방 아가씨가 종찬에게 인사한다.

다방 아가씨   안녕하세요!
종찬   어서 온나. (여자를 따라 사무실 안으로 들어간다.)

7. 카센터 사무실 (내부/낮)

사무실에는 남자 세 명이 소파에 앉아 있고, 다방 아가씨가 커피를 잔에 나누어 따르고 있다.

신사장   니 치마 안에 빤쓰가? 니 안에…… 거 뭐꼬, 치
                어리더들 입는 그런 빤쓰 입었나?
다방 아가씨   아뇨.

신사장	그냥 일반 빤쓰 입었나?
다방 아기씨	(고개를 끄덕인다.)
친구1	바지 아이가? 요새 치마 안에 바지 입고 다니두 마는.
종찬	(유심히 보며) 바지 아이네.
신사장	치어리더들 입고 있는 거 있잖아. 그런 거 입고 있는 줄 알았디마는 그냥 일반 빤쓰 입고 있다 안 카나 그래.
종찬	빤쓰가 보이나? 보고 싶네, 나도. (허리를 약간 굽혀 장난스럽게 두 주먹을 눈에 대고 망원경 보는 자세를 흉내 내며 아가씨의 치마 쪽을 관측한다.) 자세 딱 낮차가…… (보는 데 성공했다는 듯이 손뼉 치는 흉내를 내며) ……봤다! (하다가 문득 문 쪽을 돌아보고 당황해하며 일어선다.) 어, 원장님!
신애	안녕하세요? 개업 인사 왔어요.

준이 떡을 들고 다가와 종찬에게 내민다.

종찬	예, 잘 묵겠고예, 이리 오이소. 커피 한잔하시거 러. 마침 커피 시켜놨는데…… 잘됐네. 이리 오 이소. 여 부동산 신사장님도 와 계신데…….
신사장	예, 드디어 문 열었십니꺼? 거 가게 잘 얻었어

밀양 각본집

	요. 자리 좋고, 싸고…….
종찬	이 양반이 진짜 애 마이 썼다 아입니꺼. 차 한잔 하입시더, 예?
신애	아뇨, 그냥 갈게요.

보고 있는 사내들의 시선이 부담스러운 듯 신애는 서둘러 나간다. 종찬이 따라 나가며 준을 부른다.

종찬	어이, 총각! 일로 와봐라!

멈칫거리며 쳐다보는 준. 종찬이 주머니에서 껌 한 통을 꺼내 흔들어 보인다.

종찬	주까?

준이 다가와 껌을 받더니 재빨리 몸을 돌려 뛰어간다. 종찬이 그들을 보고 있다.

8. 양장점 (내부/낮)

어느 양장점에 들어서는 신애와 준.

신애	안녕하세요? 요 옆에 '준 피아노 학원'에서 개업 인사 왔어요.
양장점 주인	(떡을 받으며) 서울서 오셨다고예?
신애	벌써 아시네요.
양장점 주인	손바닥만 한 동네 아입니꺼, 여가. (그녀의 시선은 무심한 듯하면서도 신애를 유심히 관찰한다.)
신애	예……. (뭔가 어색해서 묻지도 않은 말을 한다.) 애 아빠 고향이 밀양이에요.
양장점 주인	그래예?
신애	예.

대화는 더 이상 이어지지 않는다. 신애, 어색하게 나가려다가 다시 돌아서서,

신애	저기요, 제가 이 앞을 지나면서 항상 생각했는데요, 여기 가게 인테리어를 바꾸면 장사도 잘되고 좋을 것 같아요. 여기 이쪽이 해가 잘 안 드는 곳이잖아요. 그런데 이 가게 색깔도 전체적으로 블랙이니까, 너무 칙칙하게 느껴지거든요. 그러니까, 화사하고 밝은 칼라로 바꾸면 한결 손님이 들어오고 싶어질 거 같아요. 요즘엔 인테리어가 정말 중요하거든요.

양장점 주인	인테리어를 바꾸라고요?
신애	예, 칠만 바꿔도 확 달라질 거예요.
양장점 주인	……생각해볼게요.
신애	그럼, 안녕히 계세요. 장사 잘하시고요.

문을 나서는 신애의 뒷모습을 양장점 주인이 말없이 보고 있다.

9. 피아노 학원 (내부/낮)

신애가 열 살 남짓 되는 여자아이에게 피아노를 가르치고 있다. 서툰 솜씨로 피아노를 치는 아이의 옆에 나란히 앉아 한 손으로 같이 피아노를 친다.

신애	도, 미, 솔, 도, 미, 솔…… 손가락 세우고! 꾹꾹 누르듯이 정확하게!

종찬이 문을 열고 들어선다. 종이로 포장한 액자를 들고, 핸드폰으로 누군가와 통화를 하며 낄낄거리고 있다. 신애는 아는 척하지 않고 아이와 함께 피아노를 계속 치고 있다.

종찬	점심 문나? 그래 바쁘나? 지랄병 한다! 야, 너거

딸내미 피아노 배운다 캤재? 그라마 피아노 학원 옮기라! 여, 내 아는 분이 피아노 학원을 새로 열었는데, 서울서 음대 나오시고, 피아노 전공하신 분이다. 밀양에 피아노 학원은 많아도 피아노 전공 제대로 한 데는 별로 없다 아이가? 여, 여, 이 원장님은 서울서, 피아노 전공하고 피아노 대회에서 상도 받고, 거 뭐꼬…… 진짜 피아니스트라 카이께네. (통화를 하면서도 그는 들고 있던 액자의 포장을 벗긴다. 그리고 벽에 걸 자리를 찾듯이 여기저기 대보고 있다.) '준 피아노 학원'! 이름도 좋다 아이가? 주운! 영어로 칠월! 공부 좀 해라!

소리 내어 킬킬거리는 종찬. 신애는 신경이 쓰이면서도 애써 참고 있다.

종찬   그래 알고 준비해라이. 와이프? 너거 와이프는 걱정 말고! 너거 와이프 내 말이라 카마 꼼짝 못한다. 그래……. 나도 바쁘다.

전화를 끊더니, 주머니에서 작은 망치와 못을 꺼내 벽에 못질을 시작한다. 그제야 신애가 자리에서 일어나 다가온다. 액자

에는 이신애의 이름으로 된 상장이 들어 있다. 모 피아노 연
주 경연대회에서 최우수상을 수상했다는 내용이다.

신애   (기가 막힌다는 표정으로 종찬을 쳐다보며) 이거
           뭐예요?
종찬   상장 아입니꺼. 근사하지예?
신애   나 이런 거 받은 적 없어요. 가짜를 왜 걸어놔요?
종찬   여 촌 아입니꺼. 이런 거 하나 있으면 우선 대접
           이 달라져예. 두고 보이소. 인자 소문이 쫙 나가
           애들이 마이 올 낍니더.
신애   그런다고 가짜를 걸어놔요? 그리고 애들이 많
           이 오든지 말든지 김사장님이 신경 쓰실 일이
           아니잖아요. 제 일은 제가 알아서 할 건데…….
           그렇죠?
종찬   (말이 막히자, 좀 머쓱하게 웃으며 짐짓 피아노를 치
           고 있는 아이에게) 영미야! 피아노 재밌재? 선생
           님 잘 가르치시재? (어색함을 숨기며 문 쪽으로 걸
           어간다.) ……그라마 수고하이소.
신애   사장님! (돌아보는 종찬에게 화를 내서 미안하다는
           듯 미소 짓는다.) 신경 써주셔서 고마워요.
종찬   (그 한마디에 기분이 좋아진 것을 숨기지 못하고)
           에이…… 신경은요. 서로 돕는 기지예. 상부상

조! 그지예?

피아노 학원을 나가는 그의 걸음걸이가 경쾌해 보인다.

10. 웅변 학원 복도 (내부/낮)

유치원 복도를 걸어가는 신애의 뒷모습을 카메라가 따라간
다. 아기자기한 스티커가 붙은 유리창 너머로 아이들이 수업
을 하고 있는 교실의 모습이 보인다. 신애는 계속 걸어가며
교실을 찾는다.

11. 웅변 학원 교실 (내부/낮)

어느 교실의 문이 열리고 신애가 고개를 들이밀어 안을 본다.
그리고 조심스럽게 교실 안으로 들어와 자리에 앉는다.
웅변 수업을 받고 있는 아이들 일고여덟 명 중에 준도 끼어
있다. 웅변 학원장 박도섭이 직접 가르치고 있다. 아이들은
긴 테이블 한쪽에 일렬로 서 있고, 박도섭이 맞은편에서 왔다
갔다 하며 웅변조로 소리치면 아이들이 복창을 하고 있다.

박도섭	웅변!
아이들	웅변!
박도섭	입 크게 벌리고. 다 같이. 빨간 장미처럼.
아이들	빨간 장미처럼.
박도섭	아름답게 인사합시다!
아이들	아름답게 인사합시다!
박도섭	무지개 나팔꽃처럼.
아이들	무지개 나팔꽃처럼.
박도섭	친절히 손을 흔들며 인사합시다!
아이들	친절히 손을 흔들며 인사합시다!

미소를 띠며 보고 있는 신애.

박도섭	하늘나라까지 들리도록.
아이들	하늘나라까지 들리도록.
박도섭	입을 더 벌려보세요. 안녕 하고.
아이들	안녕 하고.
박도섭	큰 소리로 인사하자고.
아이들	큰 소리로 인사하자고.
박도섭	(두 팔을 활짝 펼치며 웅변조로) 힘주어 외칩니다!
아이들	힘주어 외칩니다!

아이들도 두 팔을 펼치며 외친다. 옆 아이의 주먹이 준의 얼굴에 맞는다.

준   (얼굴을 만지며) 아야…….

12. 차 안 (외부/낮)

신애와 준이 웅변 학원 승합차에 타고 있다. 박도섭이 직접 운전하는 승합차 안에서 아이들이 부산하게 떠들며 장난치고 있다. 차창으로 좁은 도로의 풍경들이 지나간다.

박도섭   밀양은 학원도 잘 안됩니다. 아아들이 자꾸 줄
                어든다 아입니꺼. 인구가 줄어드이께네……. 내
                가 웅변을 십 년째 갈치고 있는데, 자꾸 줍니다,
                원생이.
신애   그래도 학원이 꽤 크던데요?
박도섭   작년에 학원을 크게 벌렸지요. 나도 웅변만 해서
                안 되겠다 싶어가……. 건물 한 층 다 빌려가, 미
                술하고 보습, 다 하자, 제대로 한번 해보자…….
                투자 마이 했심다. 시설하고 규모는 마산 아이라
                부산 나가도 안 빠집니다, 우리 학원이.

차가 멈춘다. 길가에 아이 두 명이 기다리고 서 있다. 차에 타
고 있던 아이 하나가 내리며 인사한다.

영록   안녕히 계세요.
박도섭   영록이, 안녕히 가세요.
신애   (준의 손을 잡고 대신 흔들어주며) 안녕!

그러나 준은 수줍은 듯 인사하지 못한다. 새로 차에 올라타는
아이들이 신애를 쳐다본다.

박도섭   세민이, 인사하세요.
세민   (차에 오르며) 안녕하세요.
박도섭   (차 문이 제대로 안 닫힌 것을 보고) 다시 문 닫으세요.

아이가 문을 다시 닫고, 차가 출발한다.

박도섭   피아노 학원은 서울이 더 잘될 낀데요?
신애   저 피아노 학원 하러 여기까지 온 거 아니에요.
           그냥 밀양이 좋아서 살러 온 거예요. 얘 아빠 고
           향이기도 하고요.
박도섭   (백미러로 신애를 보며) 그런데 준이가 아빠 안
           계신다 카던데, 이런 거 물어봐도 될란지 모르

겠는데…….

신애   (아무렇지도 않은 듯이) 어쩌다 세상 떠났냐고
요? 교통사고였어요.

박도섭   아, 예…….

신애   얘 아빠가 평소에 늘 밀양에 내려와 살고 싶다
고 노래를 불렀었거든요. 애는 땅에서 흙 밟으
며 커야 한대요.

박도섭   예! 그 말은 맞심더!

신애   그래서…… 그냥 내려왔어요. 애 아빠 꿈이었으
니까. 그 사람 있었으면 아마 평생 못 내려왔을
거예요. 말이 그렇지, 직장도 있고……. (웃으
며) 여자가 더 용감하잖아요?

박도섭   맞심더!

신애   좋은 땅이 있으면 집 짓고 살 거예요. 그래서 요
즘 땅 보러 다녀요. 원장님도 좋은 땅 혹시 아시
면 소개 좀 해주세요.

박도섭   좋은 땅이요? 한번 알아보지요……. 잠깐만요!

갑자기 박도섭이 차를 세우고 급하게 차에서 뛰어내려 길을
건너 달려간다. 차창으로 그 모습을 보고 있는 신애.
차 안의 시점. 십 대로 보이는 한 여자아이가 박도섭을 보고
도망가다가 몇 걸음 못 가서 잡힌다. 박도섭이 여자아이를 차

로 끌고 온다. 차 문을 열고 여자아이를 밀어 넣는 그의 표정이 사납다.

박도섭   꼼짝 말고 있어!

다시 차가 출발한다. 아이(정아)는 눈치로 보아 그의 딸인 것 같은데, 한눈에도 날라리로 보인다. 신애의 옆자리에 앉은 정아는 아이들이 자기를 흥미롭게 보고 있는 것이 창피한 모양이다. 신애가 먼저 인사한다.

신애   안녕?
정아   (화난 표정으로 창밖만 볼 뿐, 반응이 없다.)
박도섭   (백미러로 노려보며) 야, 인사 안 하나?
정아   (마지못해 귀찮다는 듯이) ……안녕하세요?
신애   중학생이야, 고등학생이야?
정아   …….
박도섭   와 대답 안 해? 어른이 물으면 대답을 해야지.
정아   …… 중3이요.
신애   (박도섭을 보며) 따님이 예쁘네요.
박도섭   이쁘면 뭐합니꺼? 인간이 돼야지요.

신애는 말없이 정아를 보고 있다. 아이는 신애의 시선을 느끼

고 힐끗 돌아본다. 눈이 마주치자 미소 짓는 신애. 그러나 정
아는 새침해서 고개를 돌린다. 계속 미소 지으며 정아를 보고
있는 신애. 준도 함께 보고 있다.

13. 피아노 학원 앞 (외부/낮)

'준JUNE 피아노 학원'이라는 간판이 선명한 신애의 학원 앞
에 승합차가 도착하고, 신애가 준을 데리고 내린다. 학원으로
들어가려는데 누군가 큰 소리로 부른다.

김집사(O.S)   저, 보이소! 원장님!

길 건너 '은혜약국'에서 흰 약사복을 입은 여자(김집사)가 손
짓을 하고 있다. 약국 간판에는 '은혜약국'이라는 상호 밑에
'(구) 부부약국'이라고 쓰여 있다.

신애   안녕하세요?
김집사   (웃으며 손짓한다.) 안 바쁘시면 잠깐 이리 와보
          세요. 내 좋은 선물 하나 드릴라꼬예.
신애   무슨 선물이요?
김집사   잠깐만 와보세요.

신애가 길을 건너 약국 쪽으로 걸어간다.

14. 은혜약국 (내부/낮)

사람 좋은 인상의 사십 대 여자인 김집사는 신애를 거의 끌어
안다시피 하며 약국 안으로 데리고 들어온다. 그녀는 조제실
쪽에 역시 약사복을 입고 있는 남편(강장로)에게 신애를 인사
시킨다.

김집사	여보, 원장님 오셨어요. 피아노 학원.
신애	(강장로에게) 안녕하세요?
강장로	예, 어서 오이소.
김집사	저기 그라이까네…… 내가 원장님 이야기를 들었거든요.
신애	무슨 이야기요?
김집사	원장님 안 좋은 일 있어가지고 불행한 일 당하고 밀양에 내려왔다 카는 얘기를 내가 들었어예…….
신애	(웃으며) 소문 빠르네요.
김집사	그래서 그지예……. (신애에게 작은 책자 하나를 내밀며) 이거 하나님 말씀이 담긴 정말 소중한

선물이거든예. 이거 집에 가서 꼭 한번 읽어보이소.

신애　　저 이런 거 안 믿는데…….

김집사　우리 원장님은 그라이까네 눈에 보이는 것만 믿고 눈에 안 보이는 거는 안 믿는다, 그지예?

신애　　(웃으며) 저는 눈에 보이는 것도 다 안 믿어요.

김집사　원장님, 우리가 밖에를 이래 보면 사람도 보이고 차도 보이고 이라지만, 세상에는 눈에 안 보이는 것도 있거든예.

신애는 약국 유리창 밖을 본다. 가을 햇볕 속의 누추한 거리에는 마침 주차 시비가 붙었는지 길 건너에서 사람들이 다투고 있다.

신애　　(갑자기 생각이 난 듯이) 어머, 준! 얘 어디 갔지?

김집사　우리가 하나님을 믿게 되면 눈에 안 보이는 세상도 볼 수 있어요. 그 세상은 정말로 기쁘고 감사하고 마음의 위안을 얻을 수 있는 그런 세상이거든요. 그라이까네 우리가 하나님을 알기 전까지는 세상의 반밖에 몰랐다고 보면 되예.

신애　　하여튼…… 선물 고맙습니다.

김집사　예, 원장님처럼 불행한 분은 특히 하나님 사랑

이 꼭 필요해요.

신애   (소리 내어 웃으며) 저 불행하지 않아요, 아줌마.
　　　　　잘 살고 있어요. (밖을 내다보며) 저 그만 가볼게
　　　　　요. 애가 안 보이는 거 같아서요.

김집사   예, 꼭 읽어보세요.

약국 문을 나와 길을 건너며 아이를 찾는 신애.

15. 신애 집 (내부/낮)

피아노 학원과 연결된 신애의 살림집. 낡은 재래식 가옥. 방
둘 사이에 마루가 있고, 소파와 세간이 놓여 있는 것으로 보
아 거실로 쓰고 있는 듯하다. 유리문 너머 좁은 마당이 보인
다. 학원 쪽으로 연결된 문을 열고 신애가 들어온다.

신애   준! 준! 집에 있니? (안방 문을 열고 들여다본 뒤,
　　　　　아이의 방문을 열어보며 계속 찾는다.) 준! 어디 있
　　　　　어? (화장실 문도 열어보고, 마루 끝으로 나가 마
　　　　　당 쪽도 둘러본다. 그러나 준은 보이지 않는다. 그
　　　　　녀는 낙심한 얼굴로 마루에 놓인 소파에 앉는다.)
　　　　　준……. 어디 갔니? 준…….

그녀의 얼굴은 금방 울음이라도 터질 것처럼 슬픔이 가득하다. 실제로 흐느끼듯 울음소리를 내기도 한다. 부엌 쪽에 숨어 있던 아이가 고개를 내민다. 발끝을 세워 엄마의 뒤로 살금살금 다가온다. 아이의 손이 엄마의 어깨에 막 닿으려는 순간, 갑자기 그녀가 몸을 돌려 소리친다.

신애   잡았다!

제풀에 놀라 괴성을 지르며 달아나는 아이. 신애가 깔깔거리며 아이를 잡으려 따라간다.

16. 피아노 학원 (내부/밤)

벽에 걸린 크고 작은 사진 액자들. 주로 신애가 남편과 찍은 사진들이 들어 있다. 연애 시절부터 준이와 함께 찍은 사진들까지 다양하다. 벽에 걸린 사진들을 보고 있는 민기. 오누이가 모처럼 함께 술을 마시던 모양으로 학원 한쪽에 단출한 술상이 마련되어 있다. 신애는 벌써 좀 취한 것 같다.

민기   (상장을 쳐다보며) 이거 뭐야? 최우수상……. 누나 전에 이런 것도 받았었어?

신애	(당황함을 감추며) 나 피아노 잘 쳤어. 준이 아빠하고 일찍 결혼만 안 했어도 피아노 계속했을 거야.
민기	어이구, 그러니까 누가 일찍 결혼하래?
신애	아버진 어떠시니?
민기	난리 났지. 야반도주하듯이 아무도 모르게 떠났잖아? 앞으로 평생 아무도 안 만나고 살 작정이었어?
신애	(웃으며 동생을 쳐다본다.) 그럴라 그랬는데 왜 찾아왔어?

소파 위에 누워 있는 준이 소리 내어 코를 골고 있다.

| 민기 | (아이를 돌아보며) 무슨 애가 코를 골고 자? |
| 신애 | 자는 거 아냐. (준에게) 하지 마, 준! 엄마가 그러지 말랬지! |

준, 코 고는 소리를 그친다.

| 신애 | 준, 이제 들어가서 자. 늦었어. 삼촌한테 인사하고. |

아이, 민기에게 꾸벅 인사하고 방으로 들어간다.

| 신애 | (아이의 뒷모습을 보며) 아빠 흉내 내는 거야. 지 아빠가 전에 살 때 코를 살 곯았거든. 느르렁 느르렁……. 지금도 아빠 생각나면 저렇게 코 고는 소리를 낸다. |

문득 그녀의 두 눈에 눈물이 주르르 흐른다.

| 신애 | 나도…… 그 인간 보고 싶어. |
| 민기 | (잠시 말없이 앉아 있다가) 나 솔직히 누나 이해 못 하겠어. 매형이 왜 그렇게 보고 싶어? 그리고, 매형 고향이라고 여기 밀양까지 내려와 사는 건 또 뭐야? 매형…… 누나 배신하고 딴 여자랑 바람났었잖아. |

신애, 눈물이 흐르는 채로 소리 내어 웃으며 동생을 쳐다본다.

신애	아냐, 인마. 그거 다 사람들이 잘못 안 거야. 준이 아빠는…… 우리 준이랑 나만 사랑했어. 그런 사람 아니야.
민기	아니긴 뭐가 아냐? 제발 인정할 건 좀 인정해라.
신애	너 가! 그런 소리 하려면 지금 당장 서울 올라가!
민기	지금 어떻게 가? 차 없어.

두 사람 사이에 잠깐 침묵이 흐른다.

신애   난 서울이 싫어. 여기가 좋아. 여기가 왜 좋은지
          아니? 날 아는 사람이 아무도 없거든. 나 여기
          서 새로 시작할 거야.

민기는 말없이 그녀를 보고 있다.

17. 벌판 (외부/낮)

밀양 외곽의 어느 넓고 황량한 공터에 서 있는 신애와 민기.
그들 곁에 종찬과 부동산 신사장이 함께 서 있다. 멀지 않은
곳에 도로 공사를 하느라 땅이 파헤쳐져 있는 황량한 들판을
둘러보고 있다. 신사장이 손으로 가리키며 설명을 하고 있다.

신사장   저, 저, 도로 보이는 기 대구 부산 간 고속도로
          고…… 저 도로가 요래 돌아가 가는데, 저 너머
          가 KTX 가는 데라. 여, 여가 요지라 요지.
종찬   소문에 전자공단 들어선다 카대? 이 근처에.
신사장   공단 들어서기 딱이지. 교통 좋지, 강 끼고 있
          지……. 진짜 투자 가치 있는 땅입니다, 여가.

신사장의 말을 진지하게 듣고 있는 신애.

신애   이민기, 너도 땅 투자해라.

민기   (어이없다는 듯) 뭐 하는 거야, 지금?

대답 대신 장난스럽게 혀를 내밀며 웃는 신애. 몇 걸음 저쪽
에서 종찬이 그녀를 부른다.

종찬   신애 씨! 이리 잠깐 와 보이소!

신애   (민기를 보며 웃는다.) 언제부터 나보고 신애 씨야?

그녀는 종찬과 신사장에게 달려간다. 먼 곳을 가리키며 뭔가
설명하는 신사장의 말을 듣고 있는 신애를 민기는 심란한 표
정으로 보고 있다.

18. 옻닭집 (내부/낮)

밀양 교외에 있는 어느 음식점의 방 안. 신애와 민기, 종찬과
신사장이 자리에 앉아 있다. 땅을 보고 돌아오는 길에 식사를
하러 온 모양이다. 종찬이 누군가에게 전화를 걸고 있다.

종찬   예, 회장님. 제가예, 요 삼랑진 쪽에 옻닭집에 와
       있는데예, 서울서 손님이 와가…… . 젊은 분인
       데예, 중국 쪽에 사업도 하시고, 밀양에 부동산
       에도 관심이 많으신데예, 우리 회장님 인사 소
       개해드리겠습니다. 한번 참석해주시겠습니까?

민기는 약간 어이없다는 눈으로 종찬을 보고 있다. 신애가 아
무 말도 말라는 듯이 동생의 옆구리를 쿡 찌른다.

종찬   아니, 요예…… 옻닭집인데예…… . 그러이께네,
       요 와가예…… 회장님 자리 한번 같이하시지예.
       서울서 오신 분도 있고, 피아노 치는 피아니스
       트 여자분도 있고, 진짜 회장님한테 꼭 소개해
       드리고 싶은 분들입니더. 괜찮으시마 한번 들르
       시지예. 예…… 삼랑진, 전에 한번 오셨던 옻닭
       집 안 있습니꺼? 예…… . 그라입시더.

종찬이 전화를 끊는다.

종찬   (핸드폰을 두드리며) 요, 내가 모시는 회장님인
       데, 밀양에서는 (엄지손가락을 치켜들며) 이겁니
       다. 예, 진짭니더. 이 양반이 좋은 땅 마이 갖고

	있는데, 요즘 땅을 팔라 칸다는 정보가 있거든예. 성격노 화동하고예…….
신사장	성격 화통하지.
종찬	잘 사귀놓으면 신짜 도움 마이 될 낍니더. 땅도 싸게 살 수 있고…….
신사장	오신다 카나?
종찬	알았다, 임마! 카는데 모르지, 오실란지……. (다시 민기에게) 진짭니다, (핸드폰을 손가락으로 가리키며) 요는예, 전국에 걸치가 아는 분도 많고예, 진짜 요는 대단한 분입니다. 시의회 의원이고예, 청소년 선도위원장도 하고…… 직함도 많아예.
신애	그런 직함 같은 게 그렇게 중요해요?
종찬	사람 사는 데 그런 기 암만 캐도 작용을 마이 하지예. 부정 못 하지예.
신애	(장난스런 표정으로) 사장님 같은 분을 두고 뭐라고 그러는지 아세요?
종찬	뭐라 카는데예?
신애	속물.

말을 마치자마자 소리 내어 웃는 신애. 종찬과 신사장도 킬킬대며 웃는다. 그러나 민기는 이런 대화를 나누며 함께 웃고

있는 신애가 대단히 못마땅한 표정이다.

종찬   (민기를 쳐다보며) 내가예, 우리 신애 씨만 만나면
　　　　　이상하이 계속 코나에 몰립니더. 다른 데 가마 안
　　　　　이러는데…… 내가. 와 이런지 모르겠어예.
민기   (사이. 신애를 돌아보며) ……이상한 동네 같애,
　　　　　밀양이.
종찬   이상한 거 하나도 없어예. 밀양도 다른 데하고
　　　　　다 똑같아예.

사이. 모두 잠시 말이 없는데, 문득 신애 혼자 쿡, 소리 내어
웃는다.

19. 밀양역 광장 (외부/낮)

밀양역 앞 도로에 차가 선다. 역 광장 한쪽에서 교회 전도 찬
양대가 기타를 치며 노래하고 있다. 차에서 내리는 민기. 종
찬도 따라 내리고 두 사람은 악수를 나눈다.

민기   차 태워주셔서 고맙습니다.
종찬   (웃으며 인사한다.) 잘 올라가시고예……. 다음

에 또 만납시더.

민기   (억시 웃으며) 다음에 또 만날 일은 별로 없을 것
       같은데요.

돌아서서 몇 걸음 가던 민기가 다시 종찬 쪽으로 걸어온다.

민기   저…… 제가 힌트 하나 드릴까요?
종찬   힌트예?
민기   사장님은요, 우리 누나 취향이 아니에요. 절대
       아니에요. 혹시 도움이 될까 해서 말씀드리는
       거예요.

돌아서서 역사 쪽으로 걸어가는 민기의 뒷모습을 종찬이 보
고 있다. 아직 그는 미소 짓고 있다. 옆에서는 교회 찬양대의
음악이 한창이다.

20. 신애 집 (내부/아침)

마루에 작은 상을 놓고 앉아 식사를 하고 있는 신애와 준. 신
애는 준에게 억지로 밥을 먹이려 하고 아이는 고집스럽게 입
을 다물고 있다.

신애   (밥을 뜬 숟가락을 아이의 입에 가져가며 위협하듯)
　　　　　셋, 둘, 하나⋯⋯. 반, 반에 반⋯⋯.

마지못해 입을 열어 밥을 받아먹는 준.

21. 피아노 학원 앞 (외부/아침)

햇볕이 따뜻한 아침, 웅변 학원 승합차가 피아노 학원 앞에
서 있다. 신애가 준의 손을 잡고 승합차에 태우려 하는 순간,
준이 달아난다.

신애   이리 안 와? 준!

신애, 준을 쫓아가서 마침내 팔을 잡아끌고 온다. 손으로 엉
덩이를 한 대 때린다. 아이의 눈에 눈물 자국이 있다. 승합차
안으로 준을 밀어 넣고 운전석 창으로 내다보는 박도섭에게
다가오는 신애.

신애   오늘 발표회 때문에 겁이 나서 저래요.
박도섭   그래도 잘할 낍니더, 걱정 마이소.
신애   저도 이따 갈게요.

신애, 출발하는 승합차를 향해 손을 흔든다.

22. 미용실 (내부/낮)

제법 넓은 미용실. 신애가 캡을 쓴 채 거울 앞에 앉아 있고, 그녀의 뒤쪽에 대기하고 있는 아줌마들 몇이 잡지를 보며 이야기를 하고 있다. 그중에 '씬 8'의 양장점 주인도 보인다.

아줌마1   인테리어 이래 해놓으이 좋아 보이네.

아줌마2   돈 들이노이 좋지 뭐. 인테리어라는 기 다 돈 아이가?

양장점 주인   인테리어 말만 들어도 나는 마 기분 찝찝하대이. 요 밑에 준 피아노 학원인가 새로 생긴 학원 원장 안 있나?

아줌마1   서울서 왔다는 여자?

양장점 주인   그 여자 얼마 전에 난데없이 우리 가게 들어와가 안 카나. 인테리어 바꾸라고. 안 그라마 망한다고.

아줌마2   처음 보는데?

양장점 주인   그래! 처음 보는데!

여자들의 이야기를 들으며 꼼짝없이 앉아 있는 신애.

아줌마2   벨일이네. 안 그래도 장사 안되는데 누구 속에
          불 지를 일 있나?
양장점 주인 내가 보이께네 생기기는 멀쩡해도 약간 정상이
          아닌 것 같애. 정신이 살짝 간 거 같애. 죽은 남
          편 고향이라꼬 아 데리고 밀양까지 내리와 산다
          는 것도 좀 이상한 거 아이가, 상식적으로……

말을 하다 말고 깜짝 놀라 입을 다문다. 거울을 통해 신애와
눈이 마주친 것이다.

신애   (아무렇지도 않은 듯 상냥하게 웃으며) 안녕하세요?

양장점 주인은 할 말을 잃고 보고만 있다.

23. 웅변 학원 (내부/낮)

긴장된 표정으로 단상에 서 있는 준. 뒤에 '영재 웅변 학원 발
표회'라는 글씨가 붙어 있다. 준이 고개를 숙여 인사하면 박
수 소리 들린다.

준   제목, 부모님 은혜!

박도섭(O.S) 제목은 말 안 해도 돼!

아이들이 웃는다. 학부형들 사이에서 긴장된 표정으로 아들을 쳐다보고 있는 신애.

준   (웅변을 시작한다.) 어머니 고맙습니다. 훌륭한 사람이 되라고 언제나 보살펴주시고 아껴주시는 부모님 크신 은혜 한없이 감사하고 고맙습니다. 열심히 공부하고 착하게 자라서 이 나라의 훌륭한 사람이 되겠다고 이 어린이는······.

아이는 슬쩍 박도섭의 눈치를 본다. 박도섭이 입 모양으로만 '손 올리고, 오른손!' 한다. 아이가 손을 올리며 외친다.

준   힘주어 외칩니다!

박수 소리가 들린다. 신애의 박수 소리가 유독 크다. 그녀는 손가락을 입에 넣고 휘파람을 불며 마치 야구장에서 응원하듯 환호한다. 다른 엄마들이 쳐다본다.

24. 음식점 (내부/낮)

웅변 학원 원생 학부모들과 박도섭이 점심 식사를 하고 있다. 발표회 뒤풀이인 듯한 분위기. 막 식사를 마친 듯 상 위의 음식들이 어수선하고 학부형들도 끼리끼리 이야기하느라 좀 소란스럽다.

박도섭   자신감을 줘야지요. 제일 중요합니다, 자신감이. 아이들한테는.

학부모1   맞아예. 요새 아들 어데 가서 말 한마디 못 해예.

박도섭   예, 학부모님들 자식 자신감 키운다고 태권도 배우게 하고 뭐 하고 그러는데, 발표력이 있어야 자신감이 생깁니다.

신애의 핸드폰이 울린다. 좀 경망스럽게 느껴지는 벨소리. 전화를 받는 신애.

신애   여보세요. 예, 김사장님. ……지금 회식 중인데 왜요? 회장님이요? 어떤 회장님……? 아, 그 땅 주인이시란 분요? 절 만나잔다고요? 언제요? 오늘…… 좀 바쁜데…… (사이) 그러면요, (시계를 보며) 제가 한 시간 정도밖에 시간이 없거든

	요? 예…… 그러세요……. (전화를 끊는다.)
박도섭	(신애를 돌아보며) 전에 땅 이야기 하시더니, 좋은 데 구하셨는갑네요?
신애	예, 괜찮은 물건이 있는데…… 땅 주인을 만나야 할 것 같아요. 잘하면 계약이 곧 될 것 같네요.
학부모3	땅 사실라꼬예? 거 뭐꼬, 부동산 투기하는갑지예?
박도섭	투기가 아이라 투자지요, 투자.
신애	있는 돈 은행에 넣어놔봤자 요새는 이자가 너무 싸잖아요. (시계를 들여다보며) 전 먼저 일어나 봐야겠네요. 땅 주인 마음 바뀌기 전에……. (박도섭을 쳐다보며 웃는다.)
박도섭	예, 그라입시더. 식사 다 끝났으이께네…….

자리에서 일어나며 사람들과 인사하는 신애. 한 학부모가 소리친다.

학부모1	참! 회비 내고 가시이소! 회비 이만 원!
학부모3	맞다! 땅은 사러 가도 회비는 내시야지!

사람들 떠들썩하게 웃는다. 함께 웃으며 지갑을 꺼내는 신애.

25. 음식점 입구 (내부/낮)

신애가 음식점 홀을 바쁘게 걸어 나오고, 박도섭이 뒤따라 나온다.

신애   오늘 수고하셨어요. 들어가세요, 원장님.
박도섭   예…….

그는 계속 문간까지 따라 나온다.

신애   (돌아보며) 혹시 저한테 뭐 하실 말씀 있으세요?
박도섭   아, 아입니더…….

식당 문밖까지 따라 나오는 박도섭. 신애가 걸음을 멈추고 다시 돌아본다.

신애   들어가세요.
박도섭   아, 예…….

그는 그 자리에 우물쭈물 서 있다. 이 사람이 왜 이러나, 하는 표정으로 보다가 신애가 소리 내어 웃는다. 박도섭도 열없이 웃는다. 신애는 고개를 숙여 인사하고 몸을 돌려 걸어간다.

그녀의 뒷모습을 보고 있는 박도섭.

26. 아파트 (내부/낮)

피아노 연주를 하고 있는 신애. 어느 아파트 거실. 꽤 넓은 평수에 제법 사치스럽게 꾸며놓은 집이다. 사십 대 중반의 주인 부부와 남자아이 둘(열 살, 일곱 살 정도), 그리고 종찬이 소파에 앉아서 신애가 연주하는 모습을 보고 있다.
신애는 리스트의 '탄식(Un Sospiro)'을 치고 있다. 아마도 어색한 상황에서 갑작스럽게 연주를 하게 된 모양이다. 악보도 없이 나름대로 열심히 치려고 애를 쓰지만, 잘 안 된다. 점점 힘들어하는 표정. 결국 연주를 멈추고 만다. 사이.

신애   죄송해요. 너무 오랜만에 치는 거라…….

주인 부부가 박수를 치고 종찬도 박수를 친다. 아이들도 따라 박수를 친다. 신애의 표정은 어색하게 굳어 있다. 박회장이 사과를 하나 집어 먹으며 종찬에게 말한다.

박회장   김사장, 니 올해 여덟이가?
종찬   (공손하게) 저 아홉 안 됐습니꺼?

박회장   아홉이가? 여덟인 줄 알았네……. (사과를 씹으
          며) 바쁘겠다.

등 뒤에서 들리는 그들의 대화를 들으며 피아노 앞에 어색하
게 앉아 있는 신애.

27. 식당 (내부/저녁)

동네 호프집. 피아노 학원 주변의 가게 아줌마들 일고여덟 명
이 한자리에 모였다. 양장점 주인을 비롯해 문방구 아줌마,
미용실에서 보았던 아줌마들도 있다.

신애   앞으로 많이 가르쳐주세요. 저 아무것도 몰라요.
아줌마1   밀양 토박이는 아이라 캐도 준 피아노 원장이
          밀양 사랑은 우리보다 낫다. 남편도 없는데 남
          편 고향이라고 내리와 살겠다는 기 어데 쉽나?
양장점 주인   그기 밀양 사랑이가? 남편 사랑이지!
아줌마2   남편 사랑도 우리보다 낫고!

모두들 웃는다. 젊은 남자가 맥주 몇 병을 탁자에 갖다 놓는다.

종업원	필요한 거 있으면 말씀하세요.
양장점 주인	오빠! 여기 맥주 마이 갖다 놓으소! 오늘 좀 취할란다.
아줌마3	남사만 보면 오빠라 카네.
양장점 주인	오빠! 카민서 불러주는 기 우리 여자들의 유일한 무기 아이가. (깔깔거리며 웃는다. 웃음소리가 독특하다.) 알랑가 모를랑가…….

모두들 웃는다.

28. 노래방 (내부/밤)

노래방 복도에서 신애가 전화하고 있다. 안에서는 가라오케 연주와 노랫소리가 떠들썩하게 들려오고 있다.

신애	(약간 술에 취한 듯 목소리가 장난스럽다. 주변 소음 때문에 소리를 높여 말한다.) 준! 엄마야. 뭐 하고 있어? 테레비? ……엄마 금방 갈 거야. 금방! 밥 먹었어? 엄마가 샌드위치 해놓은 거 먹었어? 자 알았어요! 엄마 기다리지 말고 자. 누구? ……잘 안 들려. 하여튼 엄마 조금만 있다가 갈게! 안녕!

전화를 끊고 룸으로 들어간다. 룸 안의 분위기는 한껏 무르익
었다. 요란한 화면의 모니터 앞에서 양장점 주인이 한창 신나
게 노래하고 있고, 다른 아줌마들은 그 옆에서 춤추고 있다.
아줌마1, 2는 서로 몸을 밀착하듯 마주 서서 몸을 흔드는 중
이다. 신애도 웃으며 그들과 함께 섞인다.

29. 도로 (외부/밤)

노래방 앞 어두운 도로. 아줌마들이 택시를 타고 떠나고 있
다. 신애가 손을 흔든다.

양장점 주인   (택시를 타며 소리친다.) 준 피아노! 덕분에 오늘
             잘 놀았대이!
아줌마1   준 피아노 멋쟁이!

웃으며 손 흔드는 신애. 혼자 남은 그녀도 택시를 잡으려 한
다. 핸드폰 벨이 경박한 멜로디로 울린다.

신애   (경쾌하게) 여보세요. ……여보세요?

전화가 끊어진 듯하다. 발신자 번호를 확인하지만 알 수 없는

번호인 것 같다. 고개를 갸우뚱하지만 대수롭지 않게 생각한다.
롱 샷. 어두운 거리에서 택시를 기다리며 서 있는 신애. 멀리서
달려오는 택시 불빛을 보며 손을 흔드는 동작이 장난스럽다.

30. 신애 집 (내부/밤)

마당 쪽의 외등 불빛이 스며 들어올 뿐 어두운 빈 집. 마당 쪽
에서 신애가 들어온다. 유리문을 열고 비치적거리며 신발을
벗으려 애를 쓴다. 술에 좀 취해 있다. 마루 위로 올라와 불을
켠다. 아이의 방으로 가 방문을 연다. 아이가 보이지 않는다.

신애   준! 어디 있니?

안방 쪽으로 간다. 그러나 안방도 비어 있다. TV만 켜져 있다.

신애   얘가 어디 갔어? 준!

이번에는 화장실 문을 열어본다.

신애   너 어디 숨었어? 빨리 안 나올래? 엄마 화낸다!

그녀는 피아노 학원으로 연결된 문을 연다. 그러나 그곳에도 아이는 없다. 비로소 그녀의 입에서 짧은 비명 소리가 새어 나온다. 얼어붙은 듯 잠깐 멍하니 서 있다가 다시 아이의 방과 안방, 화장실 문을 열어젖히며 정신없이 찾는다. 점점 절망에 사로잡혀 이번에는 마당으로 달려 나간다.

신애   준! 어딨어? 준!

물론 마당에서도 아이를 찾을 수 없다. 그녀가 어두운 마당에서 어찌할 바를 모른 채 서 있는데, 전화벨이 울린다. 그녀가 정신없이 달려와 수화기를 든다.

신애   여보세요! 준? 여보세요! ……그게 무슨 소리
          예요? 예? ……예. ……예.

그녀는 한참 동안 상대방 말을 듣고만 있다. 그러면서도 정신을 차리려 애쓴다.

신애   그런데요…… 저거 뭐야, 우리 준이 좀 바꿔주
          세요. (결국 그녀의 입에서 울음이 터진다.) 그럼
          어떡해요? 애 목소리라도 들어야죠. 감기약 먹
          고 자고 있다고요? 왜 감기가 걸려요? ……제

발 부탁인데요……. 우리 애 무사히 돌려보내주
세요. 하라는 대로…… 뭐든지 다 할게요. 원하
시는 게 뭐예요? ……얼마나요? ……그 돈 지
금 없는데 어떡해요? ……알았어요. 화내지 마
세요. 준비할게요. ……알았어요. 아무한테도
말 안 할게요. 절대로 안 할게요……. 맹세할게
요. 우리 준이만 무사히 보내주세요. 여보세요?
여보세요……?

전화는 끊어졌다. 신애는 얼이 빠진 듯 앉아 있다. TV 소리만
계속 들린다.

31. 거리 (외부/밤)

늦은 시간의 인적이 뜸한 어두운 밤거리를 정신없이 달려가는
신애의 뒷모습을 카메라가 따라간다. 간간이 외마디 비명 같기
도 하고 신음 같기도 한 울음소리가 들린다. 그녀의 걸음이 느
려진다. 앞쪽에 종찬의 카센터가 보인다. 아직 불이 켜져 있다.

32. 카센터 앞 (외부/밤)

카센터의 사무실 쪽으로 다가가는 신애. 음악 소리가 들린다. 카센터 사무실의 형광등 불빛 아래로 종찬의 모습이 보인다. 그는 혼자 가라오케 반주에 맞춰 노래를 부르고 있다. 아마도 그는 가끔씩 이렇게 노래를 부르곤 하는 모양이다. 밤늦게 혼자서 기분을 내며 노래하는 모습이 조금 우스꽝스럽기도 하고 외로워 보이기도 한다. 썩 잘 부르는 노래는 아니지만, 나름대로 자기 기분에 한껏 취해 있다. 잔뜩 멋을 부린 제스처를 곁들이며 부르다가 블루스 춤동작처럼 멋지게 턴을 하기도 한다. 그런 종찬을 보고 있는 신애의 얼굴. 이윽고 돌아서서 자리를 떠나고 만다.

33. 거리 (외부/밤)

어두운 거리를 신애가 다시 정신없이 걷고 있다. 그녀의 몸이 눈에 띄게 떨고 있다. 결국 다리의 힘이 풀리듯 그 자리에 주저앉고 만다. 연약한 애벌레처럼 몸을 잔뜩 웅크린다.
그녀의 굽은 등에서 울음소리가 새어나온다. 차들이 다니는 길 가운데 앉아 있다는 것도 의식하지 못한다. 지나가는 차가 요란하게 경적을 울리고, 전조등 불빛이 그녀를 빠르게 훑는다. 울음소리가 점점 커져간다.

34. 은행 (내부/낮)

은행 창구의 대기자 번호판 숫자가 바뀐다. 초조하게 쳐다보
던 신애가 창구로 다가간다. 오늘따라 은행은 사람들로 북적
거리고 있다. 은행원에게 통장과 도장을 내미는 신애.

은행원   570만 원 다 찾으시게요, 고객님?
신애   예.
은행원   현금으로 드릴까요, 수표로 드릴까요?
신애   현금, 현금이요.

자동 지폐 계산기에서 돈들이 빠르게 세어지고 있다. 그것을
보고 있는 신애의 얼굴이 창백하다.

35. 은행 앞 (외부/낮)

은행 앞 주차장에 세워진 자신의 차에 타는 신애. 은행에서
찾은 돈다발을 옆자리에 놓인 쇼핑백에 넣는다. 쇼핑백에는

종이를 오려 만든 가짜 돈다발들이 차곡차곡 쌓여 있다. 그녀의 손이 덜덜 떨린다. 그녀는 가짜 돈뭉치 위에 진짜 돈을 올려놓아서 액수가 많은 것처럼 만든다. 그러나 아무래도 불안하다. 다시 가짜 돈을 쏟아내고 진짜 돈만 넣는다. 핸드폰 벨이 울린다. 두려운 얼굴로 전화기를 보다가 이윽고 전화를 받는 신애.

신애   여보세요? ……예, 준비했는데요……. 저기 뭐
             야, 우리 아이 괜찮죠? ……어디요? ……예,
             ……예, 아뇨. 아무한테도 말 안 했어요. 그럼요.
             잘 알고 있어요. ……그런데요, 제발 부탁인데
             우리 애 좀 바꿔주세요. 목소리라도 들어야지
             요. ……여보세요?

힘없이 핸드폰을 내려놓는다. 잠시 망연히 앉아 있다가 시동을 건다. 키를 돌리는 손이 덜덜 떨리고 있다. 그러나 시동이 걸리지 않는다.

신애   (운전대를 두드리며 절망적으로 부르짖는다.) 뭐
             야…… 왜 이래!

정신없이 키를 돌리다 보면, 기어 위치가 주행에 놓여 있다. 기

어를 바꾸고 다시 시동을 건다. 시동이 걸린 뒤, 운전대에 잠시 머리를 묻고 있다가, 이윽고 고개를 든다. 차가 출발한다.

36. 고수부지 주차장 (외부/낮)

차 앞창으로 밀양천 고수부지가 보인다. 신애가 운전하며 천천히 주차장으로 들어가고 있다. 운전을 하면서 긴장된 표정으로 주위를 살핀다. 평일이라 주차장 안에는 차들이 그리 많지 않다. 멀리 다리 밑, 쓰레기통이 보인다. 차가 그쪽을 향해 다가가다가 멈춘다. 신애는 운전대를 잡은 채 긴장된 표정으로 그 쓰레기통을 보고 있다.

신애의 시점으로 보이는 쓰레기통. 카메라, 옆으로 PAN 하면, 택시 두어 대가 서 있고, 택시 기사들이 차 옆에 서서 잡담하고 있는 모습이 보인다. 신애는 극도의 불안과 의심의 눈으로 그들을 본다. 신애의 차가 쓰레기통 쪽으로 다시 접근한다. 이윽고 그들을 지나친다. 기사들은 지나가는 신애의 차를 힐끗 돌아보고 다시 이야기를 계속한다.

사내1   대구 넘어가는 192번 도로 안 있능교. 거 가다
          보면 밤에 차들이 길가에 마이 서 있어요. 그기
          다 뭐꼬 하면 (손가락 시늉) 이거…… 하는 기라.

밀양 각본집

사내들이 킬킬거린다.

사내1   거가 명당이라 명당. 밤에 한 열한 시 반에서 열
        두 시 되가지고예. 길가에 차 세워놓은 거 보믄
        다 그기라. 울렁울렁하는데, 씨발 차 옆에 세워
        놓고 보믄, 울렁울렁…….
사내2   (웃으며) 차로 쿵 박아뿌라, 그라모!

쓰레기통 가까이 차가 선다. 신애, 검정색 비닐 가방을 감추
듯 들고 나와 쓰레기통으로 다가간다. 주변의 차들을 둘러보
고, 잡담을 하고 있는 택시 기사들도 돌아본다. 마치 몰래 범
행을 저지르는 것처럼 그녀는 긴장과 불안에 사로잡혀 있다.
이윽고 눈치 채지 않게 쓰레기통 안에 비닐 가방을 넣는다.
시계를 들여다보고 다시 조심스럽게 남자들을 본다. 그중 한
명이 이쪽을 힐끔 보는 것 같기도 하다. 사내들은 계속 시시
덕거리며 이야기를 하고 있다.

사내1   많아예. 많애! 전부 다 대구에서 (새끼손가락 하
        나를 펴며) 하나씩 태워 와갖고…….
사내2   여관 가지 미쳤다고 차 안에서 그 카나?
사내3   맛 들여놓으이께네 자꾸 하는 기라. 돈을 떠나
        가, 맛이 틀리거든. 울렁울렁대이께네.

사내2	경험담을 얘기하는 거가?
사내1	경험해보셨는 모양이네!
사내3	상상에 맡기께!

사내들이 킬킬거린다. 신애가 다시 차에 올라타고 출발할 때까지도 이야기는 계속 이어진다.

37. 차 안 (외부/낮)

밀양천 고수부지 주차장을 나와 큰길 쪽으로 올라오는 신애의 차. 운전을 하고 있는 신애의 얼굴은 아직도 긴장과 흥분에 싸여 있다. 핸드폰 벨이 울린다. 운전을 하면서도 황급히 전화를 받는 신애.

| 신애 | 여보세요? ……예, 방금 돈 갖다 뒀어요. ……그럼요, 혼자 왔어요. 아무한테도 얘기 안 했어요. ……그런데, 우리 애는요? 연락을 언제 준다는 거예요? 여보세요? |

전화는 끊어졌다. 그녀는 핸드폰을 손에 쥔 채 절망적으로 머리를 운전대에 묻는다. 그러다 자신이 운전 중이란 걸 깨닫고

고개를 쳐들면, 앞에 사람들이 길을 건너고 있다. 정신없이 브레이크를 밟는다.

신애의 시점으로 보이는, 무심히 길을 건너는 사람들. 십 대 여자아이들 네댓 명이 하나씩 아이스크림을 손에 들고 핥으며 길을 건너고 있다. 뭐가 즐거운 일이 있는지 깔깔대며 서로 장난을 치고 있다. 그중 한 명은 박도섭의 딸 정아다. 그녀는 차 앞을 지나며 무심히 돌아보지만 신애를 알아보는 것 같지 않다. 길을 건너자 다른 아이들과 헤어져 고수부지 방향으로 혼자 걸어간다. 녹아서 흘러내리는 아이스크림을 고개를 기울여 먹는 묘기도 부린다. 마침 전화가 온 모양인지 전화를 받으며 걸어간다.

그때 뒤에서 경적 소리가 울리고, 정신을 차린 신애가 차를 출발시킨다.

38. 신애 집 (내부/낮)

비어 있는 신애의 집에 전화벨이 울리고 있다. 이윽고 신애가 들어온다. 마루문을 열고 들어와 황급히 전화를 받지만, 전화는 끊어졌다. 잠시 그 자리에 주저앉아 있다.

긴 사이. 다시 전화벨이 울린다. 수화기를 든다. 이후 통화하는 동안 그녀의 목소리는 차츰 흐느끼기 시작하다가, 나중에는 울음으로 변한다.

신애   여보세요? ……저, 그게요, 죄송한데요, 저한
테 돈이 그것밖에 없거든요. 정말이에요. ……
땅 계약이요? 그거 다 거짓말이에요, 저 땅 살
돈 없어요……. 다 거짓말이에요……. 그냥 돈
있는 척할려고 거짓말했던 거예요. 그 돈이 제
전 재산이에요. 보험금이요? 그거 얼마 안 됐는
데요……. 남편 사업하다 빚진 거 갚구요, 여기
와서 가게 얻고 인테리어 하고…… 예, 죄송해
요, 정말 죄송한데요……. 우리 준이 보내주세
요……. 예? 제발 부탁이에요……. 여보세요?

전화는 이미 끊어진 것 같다. 그녀는 어린아이처럼 주저앉은
채 계속 울고 있다.

39. 경찰서 수사과 (내부/낮)

어수선한 수사과 사무실. 형사1이 전화를 걸고 있다.

형사1   경찰서 수사관데, 요 있재? 짜장면 곱빼기 둘!

건너편 자리에서 좀 젊어 보이는 형사2가 고개를 쳐든다.

형사2   얼라레? 나한테 물어보지도 않고?

형사1   (수화기를 든 채 고개를 돌려) 식사할랍니꺼? 시
         켜주까요?

신사장이 형사1의 책상 앞에 앉아 있고, 건너편 형사2의 책
상 앞에는 종찬이 앉아 있다.

신사장   밥 믹이고 얼마나 붙들어 둘라꼬? 빨리 보내주
         기나 하소!

형사1   (다시 전화에 대고) 짜장면 곱빼기 둘만 가지고 빨
         리 온나! 그라고, 계란 삶은 거 반 딱 잘라가 우에
         얹어갖고…… 알았재? 원래 그래 하는 거야! (수
         화기를 놓으며) 고객 알기를 우습게 알아요…….

신사장   (고갯짓으로 사무실 한쪽을 가리키며) 저 여자분
         이 땅 보러 다니는 거 아는 사람이 한둘이 아이
         라. 소문 다 났어. 좋은 땅 사가 집 짓고 살고 부
         동산 투자도 관심이 많다고……. 자기 입으로
         말하고 다녔는데, 뭐.

종찬   하여튼, 피해자가 땅 계약을 앞두고 있다는 소문
         을 듣고 어떤 놈이 일을 저질렀다는 거 아잉교?

그러이까네 그거 알 만한 놈들, 쥐새끼 한 마리
까지 다 찾아내면 범인 간단하이 잡아내겠네!

신사장 사실은 피해자가 돈도 얼마 없었다 카대요?

형사1 뭐, 그런 것까지 아실라 카지 말고…….

신사장 (종찬을 돌아보며) 야, 밀양이 언제부터 이래 됐
붓노?

종찬이 말없이 고개를 돌려 사무실 한쪽을 본다. 사무실 한구
석 긴 의자에 쓰러지듯 앉아 있는 신애. 약간 넋이 나간 듯 오
히려 무감각해 보이는 표정이다. 이윽고 자리에서 일어나 출
입구 쪽으로 걸어간다.

40. 피아노 학원 앞 (외부/낮)

피아노 학원 앞 도로. 길 건너에서 신애가 택시에서 내린다.
그녀가 천천히 길을 건너온다. 차가 빠르게 지나다니는데도
마치 몽유병자처럼 아무 신경을 쓰지 않는 것 같다. 길을 반
쯤 건너왔을 때부터 그녀의 걸음이 더 늦어진다. 뭔가를 발견
한 것 같다.
피아노 학원 유리문에 십 대 여자아이 하나가 바싹 붙어 서서
안을 들여다보고 있다. 안이 어두워서 잘 보이지 않는지 손차

양을 만들어서 보고 있다. 신애가 천천히 뒤쪽으로 다가간다.
돌아보는 여자아이, 박도섭의 딸 정아다. 정아는 신애를 보자
깜짝 놀란다. 정아를 보고 신애도 놀란다.

신애   너 뭐 해, 여기서?

정아는 대답을 못 한다. 신애를 쳐다보다가 몸을 돌려 달아나
려 한다. 신애가 그녀의 팔을 잡는다.

정아   (팔을 뿌리치며) 놔요!
신애   (팔을 붙든 채) 뭐 하고 있냐고? 왜 안을 들여다
             보고 그래?
정아   그냥 봤어요……. 이거 놔주세요…….
신애   ……그냥 왜 봐?

정아는 팔을 뿌리치려 하고, 신애는 놓지 않으려 한다. 정아
는 필사적으로 신애의 손을 떼어내려고 하지만 신애도 완강
하다. 안간힘을 쓰면서 정아의 얼굴이 차츰 일그러지더니 마
침내 울음을 터트리고 만다.

정아   (울면서) 놔요, 이거……. 제발 놔줘요…….

아이의 울음에 신애는 자신도 모르게 손을 놓고 만다. 정아는
울면서 도망진다. 정아의 뒷모습을 보고 있는 신애. 그 얼굴
이 서서히 어떤 공포에 사로잡히기 시작한다. 그녀는 아직 멀
어지는 정아를 보고 있다. 사이. 그녀는 핸드폰을 꺼내 어딘
가 전화를 걸기 시작한다.

신애   ……여보세요, 밀양 경찰서죠?

롱 샷. 길 건너에서 보이는 신애. 전화를 걸고 있는 그녀의 모
습 앞으로 차들이 지나다닌다. 주변의 풍경은 여전하다.

41. 신애 집 (내부/낮)

신애는 혼자 마루방의 소파에 누워 있다. 창문을 넘어 들어온
늦은 오후의 햇살 한 자락이 마루 한구석에 손수건처럼 떨어
져 있다. 텅 빈 시선으로 그 햇살을 멍하니 바라보고 있는 신
애의 얼굴. 사이. 문득 그녀가 코 고는 소리를 내기 시작한다.
눈을 감은 채 코 고는 소리를 내는 그녀의 눈에서 이윽고 소
리 없이 눈물이 번진다. 바깥에서 요란하게 문을 두드리는 소
리가 들린다.

42. 피아노 학원 (내부/낮)

닫힌 유리문을 형사1, 2가 두드리며 서 있다. 집 안으로 연결된 문을 열고 신애가 나온다. 형사들을 보고 신애의 얼굴이 굳어진다.

43. 저수지 (외부/낮)

시점 샷. 차창을 통해 바라보는 하늘.
밀양 외곽의 황량한 저수지 둑. 황량한 둑 위에 경찰 호송차가 서 있다. 호송차 안에서 넋을 잃은 듯이 하늘을 쳐다보고 있는 신애. 이윽고 반장이 다가와 창문을 두드린다. 돌아보는 신애.

반장   함 내려가 보실랍니까?

신애가 말없이 차에서 내려 반장을 따라 카메라 앞으로 다가온다. 마치 몽유병자처럼 현실감이 없는 표정. 마치 여기가 어딜까, 내가 왜 여기 와 있지? 하는 듯이 주위를 둘러본다. 신애의 눈앞에 펼쳐진 황량한 저수지의 풍경. 도로의 끝은 저만치 물속에 잠겨 있고, 쓸모없어진 도로 표지판까지 약간 기울어진 채 서 있다. 도로 옆에 세워진 다른 경찰차 두어 대도 보인다.
카메라, 그녀의 움직임을 따라 PAN 하면, 둑을 내려가는 반
장과 그 너머 저수지 가에 서서 이야기하는 사람들이 보인다.
형사들, 제복 입은 경찰관도 있다. 바람결에 저수지 관리인과
형사들이 나누는 대화가 들려온다.

관리인(O.S)　……오늘 아침에 저수지 바닥 청소할라꼬 물을
　　　　　　빼다 보이께네, 아, 시체가 하나 나와가 놀래가
　　　　　　신고했다 아입니꺼.

형사1(O.S)　저수지 바닥 청소는 보통 며칠에 한 번 합니꺼?

둑 위에 서서 잠시 아래를 내려다보는 신애, 이윽고 둑 아래로
내려가려다가 미끄러진다. 앞서 가던 반장이 놀라 다가온다.

반장　　　　조심하이소!

롱 샷. 물가에 서 있던 사람들이 신애 쪽을 쳐다본다. 천천히
그쪽으로 다가가는 신애. 사람들 틈으로 뭔가 탁하고 검은 물
에 반쯤 잠긴 형체가 보인다. 그쪽으로 다가가려는 신애의 팔
을 반장이 잡는다. 놀라 돌아보는 신애.

반장　　　　괜찮겠습니꺼?

말없이 다가가는 신애. 반장이 형사들에게 손짓한다.

반장   비켜드리라!

형사들이 몸을 비키면, 잡초들 사이로 물에 반쯤 잠긴 아이의
시신 같은 것이 보인다. 신애는 몸을 약간 굽힌 채 얼어붙은
듯 꼼짝도 않고 그것을 보고 있다. 아무런 말도 없다. 저수지
의 수면이 바람결에 파문을 일으키고 있다.

44. 경찰서 (내부/낮)

경찰서 건물 뒤편 출입구. 종찬과 반장이 자판기 앞에서 커피
를 마시며 이야기하고 있다.

종찬   가 안 있습니꺼, 가. 우리 축구회에도 몇 번 나
           왔는데……. 헹님 기억 안 나십니꺼?
반장   우리 회원이가?
종찬   어데, 우리 회원은 아이고…… 작년에 몇 번 나
           와가 뽈 찬 아 안 있십니꺼?
반장   눈 크다란 아? 키 작고?
종찬   가 말고, 가는 어리고……. 이마 좀 넓고 좀 나

이 든 아. 와 부산서 밀양 와가 학원 크게 열었
다고 명함도 돌리고 했다 아입니꺼? 그 새끼 그
거 첨부터 마음에 안 들었다 카이께네.

반장   종차이 니는 빚 없나?

종찬   번 돈도 없고 빚도 없고…… 헹님, 나야 쿨하게
산다 아입니까?

반장   마이 해라, 쿨. 서른아홉에 혼자 살면서…….
(주차장 쪽을 보며) 왔다! 벌써 오네!

그들 앞에 경찰 호송차가 급하게 다가와 서고, 차 문이 열리
면서 형사1, 2가 박도섭을 끌어내린 뒤 양쪽에서 결박한 채
로 계단을 올라온다.

반장   수고했고, 빨리 들어가자.

반장이 앞장서서 건물 안으로 들어간다. 종찬이 자신의 앞을
지나는 박도섭을 보다가 뒤를 따라간다.
복도로 걸어 들어가는 박도섭. 마침 복도 저쪽에서 신애가 걸
어오고 있다가 박도섭을 본다. 서로 엇갈리는 순간, 신애는 두
려움으로 자신도 모르게 복도의 벽에 몸을 붙인다. 박도섭이
신애를 힐끗 쳐다본다. 벽에 몸을 붙인 채 보고 있는 신애. 걸어
가던 박도섭이 고개를 돌려 신애를 뒤돌아본다. 출입구 쪽에서

그 모습을 보고 있던 종찬, 갑자기 박도섭을 향해 쫓아간다.

종찬   뭘 쳐다보노? 새끼야? 뭘 봐!

소리치며 박도섭에게 달려들어 패기 시작한다. 놀란 형사들
이 종찬을 붙든다. 그러나 종찬은 형사들에게 붙들린 채로 주
먹질과 발길질을 계속하며 소리친다.

종찬   뭘 봐, 새끼야! 보긴 뭘 봐?

45. 화장장 (내부/낮)

사람들의 오열, 통곡하는 소리 등과 함께 장면 시작. 화장장
화구의 쇠문이 열려 있고, 화구 안쪽에 놓인 아이의 관이 보
인다. 바닥에는 창문을 넘어 들어온 햇볕이 드리워져 있다.
아이의 관 위에서 내부의 셔터가 내려오며 닫힌다. 이어서 화
구 바깥쪽 쇠문이 굉음을 내며 하강한다. 쇠문의 표면에 반사
되어 보이는 사람들의 왜곡된 상들. 갑자기 신애의 시어머니
가 프레임인 되어 화구의 쇠문 앞으로 나와 통곡한다. 시누이
등 가족들이 그녀를 일으켜 세운다.

시누이   (역시 울먹이는 소리로) 엄마, 이제 그만해······.

그 모습을 창백한 얼굴로 보며 서 있는 신애. 그 옆으로 준의 영정사진을 들고 있는 민기, 문간 쪽으로는 종찬의 모습도 보인다. 신애, 말없이 건물 밖으로 나간다.

46. 화장장 마당 (외부/낮)

휑뎅그렁하게 넓은 화장장 마당으로 사람들이 나온다. 신애가 힘없이 나오다가 걸음을 멈추고 멍하니 서 있다. 그녀 곁으로 사람들이 지나간다. 신애의 시어머니가 자식들의 부축을 받으며 지나가다가 신애를 돌아보며 소리 지른다.

시어머니   니는 우째 눈물도 없노? 어? 우째 눈물 한 방울
               안 흘리노?

자식들로 보이는 사람들이 그녀를 진정시키려 하지만, 그녀는 계속 소리 지른다.

시어머니   생때같은 자식 쥑이놓고······ 어? 서방 보내고
               자식까지 보내고······ 남의 집 대 끊어지게 만들

어놓고…… 어? 눈물 한 방울이 안 나냐꼬!

신애가 말없이 그 자리에 쪼그리고 앉는다. 종찬이 그 모습을
보고 있다. 시어머니는 가족들과 함께 휴게소 쪽으로 걸어가
고 있다. 종찬이 그 뒤를 따라간다.

종찬   저기예……. 준이 할머님 되십니꺼?
시누이   예…… 그런데요?
종찬   (최대한 공손하게) 손주 잃어뿌리고 참 마음이 아
                  프시지예? 저도 이해를 하거든예. 그런데예……
                  지금 이 상황에서는 누구보다도 애 엄마가 제일
                  안 슬프겠습니꺼? 그지예?
시누이   누구세요? 누구신데 그런 말씀을 하세요?
종찬   예, 저는 그냥…… 거 뭐꼬…….

곁에 있던 시누이 남편인 듯한 남자가 앞으로 나선다.

시매부   이거 우리 집안일이거든요. 누구신지는 모르지
                  만 남의 가족 일에 안 끼어들었으면 좋겠네요.
종찬   예……. 저도 이해하거든예. 이해하는데, 역지
                  사지라는 말도 있듯이예…….

민기가 다가와 종찬의 팔을 잡는다.

민기   뭐 하시는 거예요, 지금?

민기는 사돈댁 가족들에게 죄송하다는 듯 고개를 숙이며 대신
사과한다. 사돈댁들은 종찬을 힐끔 보며 걸어가고 민기는 신애
의 시어머니에게 위로의 말을 건네며 따라간다. 결국 종찬 혼
자 남았다. 그는 그 자리에 쪼그리고 앉아 담배를 피워 문다.
문득 저만큼 떨어진 곳에서 쪼그리고 앉아 있는 신애의 모습
이 눈에 들어온다. 넓은 마당 한가운데서 두 사람은 비슷한
모양으로 쪼그리고 앉아 있다. 종찬, 담배를 피우며 잠시 신
애를 본다. 이윽고 그가 몸을 일으켜 신애에게 다가간다.

종찬   뭐 따뜻한 거라도 한잔하실랍니꺼?

신애는 말이 없다. 종찬이 머쓱해서 몸을 일으키려는데,

신애   (낮은 목소리로) ……내가 왜 그랬을까요?
종찬   예? 뭐를예?
신애   내 손으로 직접 죽여도 시원찮은데…… 경찰서
             에서 그 인간 만났을 때 왜 몸을 피해버렸을까
             요? 갈기갈기 찢어 죽이고 싶었는데…….

종찬   ······.

종찬은 할 말을 찾지 못한 채 엉거주춤한 자세로 그대로 서
있다.

47. 신애 집 (내부/낮)

신애의 집 안 마루방. 오후 늦은 시각이라 집 안은 조금 어둡
다. 방 안에서 TV 소리가 들린다. 어두컴컴한 방에서 혼자 앉
아 TV를 보고 있는 신애. TV 앞에 앉은 그녀의 모습은 실루
엣처럼 보인다. 뒷벽에는 바깥에서 들어온 빛이 만드는 어렴
풋한 그림자가 어른거리고 전체적으로 어두운 공간에서 TV
화면만이 가장 밝아 보인다. 옆집에서 계속 부부싸움을 하는
듯한 소리가 들린다. 바깥에서 누군가 문을 두드린다.

소리   계세요?

은혜약국의 김집사가 마루 유리문을 두드리며 서 있다.

김집사   계세요? 이선생!

손차양을 만들어 유리문 안을 들여다보는 김집사. 그러나 아무 대답이 없자, 하는 수 없다는 듯 그냥 돌아산다. 여전히 TV를 보고 있는 신애.

48. 아파트 문 앞 (내부/낮)

'씬 26'의 회장댁 아파트 앞. 신애가 엘리베이터에서 나와 벨을 누른다.

신애   재영아…….

문이 열리고 열 살쯤 되어 보이는 사내아이의 얼굴이 나타난다. 아이는 뭔가를 손에 든 채 먹고 있는 중이다.

신애   (집 안으로 들어가며) 뭐 먹고 있었어요?
재영   다 먹었어요.
신애   인영이는?
재영   학원…….

문이 닫힌다.

49. 아파트 (내부/낮)

피아노를 치고 있는 아이. 신애가 그 옆에 앉아서 보고 있다.

신애   스톱!

아이, 피아노 연주를 멈추고 신애를 쳐다본다.

신애   빨리 고백해. (마이크를 잡은 것처럼 손을 아이의 입 앞에 갖다 댄다.) 박재영 씨, 숙제 안 했죠?
재영   했어요.
신애   진실만을 말해야 돼요. 했어, 안 했어?
재영   (웃으며) 진짜 했는데…….
신애   숙제를 한 사람이 한 마디도 못 쳐? 마지막 기회야. 진실을 말하면 용서해주고 거짓말하면 바로 엄마한테 핸드폰 누를 거야.
재영   (신애를 빤히 보다가 자신 없는 목소리로) ……했어요.
신애   언제? 몇 월 며칠 몇 시에?
재영   어제 학교 갔다 와서…….
신애   아무도 없을 때?

아이는 장난스럽게 고개를 끄덕끄덕한다.

신애   너 절대로 누구 있을 때 숙제 안 하지? 너 오늘
         은 내가 안 혼낼 줄 알았시? 천만에 말씀. 쳐봐.

재영, 다시 피아노를 치기 시작한다. 보고 있는 신애. 아이가
치는 서툰 피아노 소리와 함께 신애의 얼굴로 카메라 다가간
다. 피아노를 치는 아이의 손이 문득 멈춘다. 아이가 고개를
돌려 신애를 본다. 신애의 눈에서 소리 없이 눈물이 흐르고
있다. 두 사람 다 말없이 앉아 있다.

50. 거리 (외부/낮)

길을 걸어가는 신애. 거리 풍경은 아무것도 달라진 것이 없
다. 오늘따라 좁은 거리가 더 북적거리는 것 같다. 걷고 있는
그녀의 얼굴이 점점 일그러진다. 마치 어떤 통증을 참는 것
같다. 잠시 걸음을 멈추었다가 다시 걷는다. 이윽고 그녀는
은혜약국 앞에서 걸음을 멈춘다.

51. 은혜약국 (내부/낮)

약국 문을 열고 들어서는 신애를 보고 김집사가 자리에서 일어선다.

김집사   아이고, 우리 이선생 오셨네. 안 그래도 내가 어
          제 집으로 찾아갔었는데…….

신애   안녕하세요. 저 몸이 좀 안 좋아서 그러는데요.

김집사   마음이 아픈데 몸이 와 안 아프겠노? 어데가 아
          프신데? 두통이가? 가슴이 아프시나?

신애   저…… 생리통이요.

김집사   아…….

김집사가 약을 가지러 간 사이 말없이 기다리고 서 있는 신애.

김집사   (약을 내밀며) 이선생, 지금 이선생한테 진짜 필
          요한 약이 뭔지 알아요?

신애, 말없이 쳐다본다.

김집사   이선생, 지금 마음이 너무너무 아프잖아요. 얼
          마나 괴롭고 고통스러워요? 내가 약국에서 약

을 팔지마는 그 마음의 고통은 고칠 수가 없어
요. 그거를 치유할 수 있는 거는 하나님 사랑밖
에 없어요. 바로 이선생 같은 분을 우리 주님이
기다리고 계세요.

신애는 그저 듣고만 있다. 김집사가 종이를 하나 내민다. 부
흥회를 알리는 전단지다. "상처받은 영혼을 위한 기도회"라
는 제목이 보인다.

김집사   꼭 우리 교회에 안 나와도 돼요. 요기, 시장 앞
           에 개척교회에서 이번에 부흥회를 하는데, 주
           제가 '상처받은 영혼'을 위한 기도회, 딱 이선생
           같은 분한테 필요한 거 같애요.
신애   (비로소 낮은 목소리로 입을 연다.) 만약에요…….
           만약에 하나님이 있고…… 하나님의 사랑이 그
           렇게 크다면요…….
김집사   하나님이 계시지예, 하나님 사랑이 크시지예.
           끝도 한도 없이 크시지예.
신애   그러면 우리 아일 왜 그렇게 처참하게 죽도록 내
           버려두었어요? 그 어린 것이 무슨 죄가 있다고요?
김집사   (잠깐 대답이 막힌 듯 신애를 쳐다보다가) 이선
           생……. 내 이선생 마음을 아는데요……. 그래

도요, 세상 모든 일에는 우리 주님의 뜻이 있다
는 걸 아셔야 돼요. 아이고, 머라꼬 설명하겠
노……. 저, 저기……. (손가락으로 약국의 바닥
한쪽을 가리킨다.) 땅바닥에 있는 햇볕 한 조각에
도 주님의 뜻이 숨어 있다고요. 이 세상에 주님
뜻이 아닌 게 없어요.

말없이 김집사를 쳐다보던 신애가 갑자기 햇볕이 있는 곳으
로 간다. 그리고 바닥에 떨어진 햇볕 위로 손을 휘젓는다.

신애   여기 뭐가 있어요? 네? 이건 그냥 햇빛이에요,
            햇빛! 뭐가 있어요, 여기? 아무것도 없어요!

신애의 목소리는 무섭도록 공허하고도 절박하다. 그녀의 주
위로 무심한 햇빛이 흩어지고 있다. 할 말을 잃은 표정으로
그녀를 쳐다보는 김집사.

52. 거리 (외부/낮)

피아노 학원 앞 거리. 롱 샷. 오늘따라 바람이 몹시 심하게 불
고 있다. 사람들이 종종걸음으로 지나가고, 어디선가 간판이

바람에 떨어지는 듯한 요란한 소리 들린다. 길 가운데 걸린 현수막도 바람에 요동진나. 신애와 종찬이 프레임인 된다.

신애   왜 사꾸 따라오세요?

종찬   내가 갔다 오께요, 신애 씨…….

신애   내가 간다는데 왜 그러세요?

종찬   그게요……. 신애 씨가 직접 할 필요가 없다 카 이께네요. 마음이 디기 안 좋을 낀데……. 머하 러 갈라 캅니꺼?

신애   상관없어요. 내 일이니까 내가 가요.

종찬   그라마 같이 가입시더.

신애   (마침내 신경질을 내며) 왜 이래요? 왜 이렇게 사 람 귀찮게 해요?

그녀는 택시를 세워 올라탄다. 종찬도 택시에 타려 한다. 신애가 종찬을 밀어낸다. 종찬은 한사코 안 내리려고 버티는데 신애가 기를 쓰며 밀어내는 모습이 기묘하다. 그러나 종찬은 결국 차에서 밀려나고 만다.

53. 동사무소 (내부/낮)

동직원   사망신고 하시게요?

신애는 동사무소의 창구 여직원 앞에 서서 무의식중에 손가락으로 목 한쪽을 긁고 있다. 여직원이 그런 그녀를 이상한 듯 쳐다본다. 그러나 신애는 자신의 행동을 의식하지 못하고 있는 것처럼 계속 긁고 있다.

동직원   보호자 난을 안 쓰셨네요. 보호자 이름이 어떻
                게 되세요?
신애   이신애요.
동직원   주민등록번호는요?

신애는 갑자기 말이 막힌 것처럼 대답을 못 하고 당황한다.

동직원   주민등록번호요.

동직원의 재촉에 신애는 기억을 해내려 하지만 기억이 나지 않는 것처럼 멍한 표정으로 동직원을 보고 있다. 동직원은 이상하다는 듯 신애를 쳐다본다.

동직원	본인 아니세요?
신애	본인 맞아요.
동직원	그런데 본인 주민등록번호를 모르세요? (당황해하는 신애를 어이없다는 듯 쳐다보다가) 주민증 갖고 계시죠? 주민증 보세요.

그제야 신애는 허둥지둥 가방을 열며 주민등록증을 찾는다. 그러나 당황해서 급히 가방을 뒤지다가 가방 속의 물건을 쏟고 만다. 바닥에 떨어진 물건들을 주워 담으려는데, 가까이 있던 남자 동직원이 다가와 같이 주워주려 한다.

신애	괜찮아요.

그러나 남자는 계속 물건을 집어준다. 그러자 그녀가 갑자기 소리친다.

신애	하지 마요! 내가 괜찮다고 했잖아요!

남자가 깜짝 놀라 쳐다보고, 동사무소 내의 모든 사람들이 그녀를 본다. 사람들의 시선 속에서 그녀는 혼자서 물건을 주워 담고 있다. 언제 따라 들어왔는지 종찬이 신애의 그 모습을 보고 있다.

54. 거리 (외부/낮)

동사무소 밖으로 나온 신애가 휘청휘청 걷고 있다. 여전히 바람이 거세게 불고 있고, 흙먼지가 거리를 쓸고 지나간다. 물건들이 떨어지고 날리며 굴러간다. 그러나 아무것도 의식하지 못하는 듯, 마치 누군가에게 떠밀리듯 걷고 있는 그녀의 표정. 어느 순간 그녀는 마치 딸꾹질하듯 끄윽끄윽 괴롭게 숨을 쉬고 있다. 그녀의 속에서부터 뭔가 치밀어 오르는 듯이.

그녀는 더 이상 걷지 못한다. 안에서부터 계속 뭔가 치밀어 올라 숨을 못 쉬게 한다. 그녀의 가슴 밑바닥에 뭉쳐져 있던 고통 어린 그 무엇이 계속 치밀어 오르는 것 같다. 숨을 쉬기 위해 그녀는 두 손으로 무릎을 짚고 몸을 구부리고 있다. 마치 토하려는 자세처럼. 그러나 헛울음 같은 고통스런 소리만 나올 뿐 숨을 쉴 수가 없다. 누군가 그녀에게 다가온다. 종찬이다.

종찬   신애 씨, 와 그래요? 어데 아파요?

신애는 대답 없이 몸을 구부린 채 고통스럽게 안간힘을 쓰고 있다. 종찬은 어찌할 바를 모르고 그녀를 내려다볼 뿐이다. 그녀는 괴롭게 고개를 쳐든다.

신애의 시점. 바람이 무섭게 불어대는 거리. 길 가운데 허공에 걸린 현수막 하나가 금방 떨어질 듯 바람에 요동치고 있다. "상처받은 영혼을 위한 기도회"라고 쓰인 부흥회 선전 현수막.

55. 부흥회 입구 (내부/낮)

상가 건물 2층에 있는 어느 교회의 입구에 신애가 들어선다. 몇 걸음 뒤에서 종찬도 따라오고 있다. 계단 좌우로 "상처받은 영혼을 위한 기도회"를 알리는 현수막, "여러분을 환영합니다"라는 글귀 등이 붙어 있고, 교회 사람들이 계단을 올라오는 신자들에게 전단지나 안내장 등을 나눠주고 있다. 교회 안에서 찬송가를 연주하는 음악 소리가 흘러나온다.

56. 부흥회 (내부/낮)

연단 앞에서 젊은 밴드 연주자들이 음악을 연주하고 있다. 기타와 베이스, 드럼과 키보드까지 갖춘 5인조 밴드. 부흥회라기보다 마치 작은 콘서트장 같은 분위기다. 그들의 뒤에 "성령의 기름 부어주소서" 또는 "영혼의 상처 씻어주소서" 등의 글귀가 적힌 현수막이 보인다.

음악에 맞춰 함께 찬송하고 기도하는 신자들의 모습이 다양하다. 손뼉을 치는 사람, 두 팔을 위로 쳐들거나 앞으로 내밀며 노래하는 사람, 머리를 깊이 숙이고 기도하는 사람 등. 안경을 들어 눈물을 닦는 여자, 눈을 감은 채 몸을 좌우로 일렁이는 중년 남자 등도 보인다.

그 가운데 신애가 이방인처럼 앉아 있다. 그녀는 자신이 이곳에 왜 와 있는지조차 스스로 이해하지 못하는 듯한 표정이다. 그녀의 뒷자리에 종찬의 모습도 보인다. 어색하기는 종찬도 못지않다.

카메라는 교회 뒤쪽에 고정되어 있다. 따라서 교인들의 뒷모습만 볼 수 있다. 교회 가운데 기둥이 있고, TV 모니터와 스피커가 매달려 있다. 이제 밴드 연주는 끝나고 키보드의 장중한 배경 음악 속에서 부흥목사가 기도를 이끌고 있다. 그는 연단에서 내려와 신자들 사이를 왔다 갔다 하며 기도하고 있다. 부흥목사의 기도가 계속되는 동안 카메라 앞줄의 어느 중년 여자가 몸을 앞뒤로 흔들며 서럽게 울고 있다.

부흥목사   우리의 마음을 주관하시는 하나님, 우리를 고통
          에서 일으켜주시는 하나님……. 당신의 그 귀한
          사랑을 내 안으로 부어주소서. 오! 하나님. 오!
          하나님……. 꽉 막혀 있는 마음을, 뭉쳐 있는 마
          음을 풀어주게 해주소서.

중년 여인의 울음이 잦아드는가 싶더니, 어느 순간 앞쪽에서 누군가의 기침 소리가 들린다. 속이 꽉 막혀 딥딥해서 터져 나오는 것 같은 어느 여자의 기침 소리. 이윽고 그 기침 소리는 울음소리로 바뀐다. 너무나 절절한 울음소리다. 깊이를 알수 없는, 가슴 저 밑바닥에서 터져 나오는 것 같은 울음. 울음의 주인공은 자신의 속에서부터 끝임없이 터져 나오는 그 고통의 부르짖음을 스스로 억제하지 못하는 것 같다.

부흥목사　　오, 하나님……. 오, 하나님……. 내가 마음의 고통과 상처로 인하여 통곡하오니 꽉 막혀 있는 마음을, 뭉쳐 있는 마음을 풀어주소서. 슬픔에 젖어 있는 마음을, 사랑하지 못하는 마음을, 하나님이여……. 치유해주소서.

비로소 우리는 그 울음의 주인공이 신애임을 알 수 있다. 그녀는 두 손을 가슴에 꼭 붙인 채 온몸으로 소리 내며 통곡하고 있다. 가슴 밑바닥까지 뭉쳐져 있던 그녀의 슬픔과 고통이 한꺼번에 터져 나오고 있는 것이다. 뒤에 앉은 종찬이 어찌할 바를 모르고 그녀를 보고 있다. 목 놓아 울고 있는 신애의 뒤로 목사가 다가온다. 키보드의 음악과 함께 이제 목사는 노래로 기도하고 있다.

부흥목사	사랑합니다. 나를 자로 삼으신 주. 사랑합니다.
	나를 자로 삼으신 주. 내 부르짖음 들으시고 가
	자 하심을. 영원히 주 찬양합니다……

목사는 기도를 계속하면서 신애의 머리에 손을 얹는다. 신애,
천천히 고개를 들어. 허공을 쳐다본다. 울음이 약간 진정되는
듯하다. 자신의 속에 있는 것을 다 비워낸 것 같은 텅 빈 얼굴.

57. 카센터 사무실 (내부/낮)

신사장과 친구1이 커피를 시켜놓고 다방 아가씨와 시시껄렁
한 잡담을 나누고 있는 중이다. 종찬이 들어와 작업복을 벗어
옷걸이에 건다.

신사장	(종업원의 가슴을 보며) 니, 브라자 안 했나?
다방 아가씨	했어요.
종찬	(옷걸이에 걸린 옷을 입으며 그녀를 건너다본다.)
	했겠지.
신사장	했는데…… 요, 요, (자기 가슴의 젖꼭지 부근을 손
	끝으로 뱅글뱅글 돌리는 시늉을 하며) 볼록 튀 나
	온 거 뭐고?

종찬	단추 아이가? 단추. 단추 맞재?
친구1	단주가 거 와 붙었노?

다방 아가씨는 대꾸가 없다. 어차피 별로 신경 안 쓴다는 투다.

친구1	(은근슬쩍 아가씨의 다리를 만지며) 스타킹이 이기 뭐꼬?
다방 아가씨	(그 손을 때리고 밀치며) 오빠가 하나 사주세요!
종찬	이 오빠가 사주까?

그는 몸을 굽혀 탁자 아래에서 뭔가를 꺼낸다. 친구1이 쳐다본다.

친구1	야, 김사장, 그거 뭐꼬? 그거 성경책 아이가?
종찬	알 거 없어. 나 잠깐 갔다 오께이. (서둘러 사무실을 나간다.)
친구1	(종찬의 뒷모습을 보며) 점마 저거 와 저카노?

58. 피아노 학원 (내부/낮)

미소를 짓고 있는 신애의 얼굴 CLOSE UP.

신애   (미소를 지은 채 쑥스러운 듯 잠시 말을 망설이고 있
        다가) ……다시 태어난다는 말……. 전에는 그
        게 무슨 말인지 몰랐거든요? 그런데, 이제 확실
        히 알게 되었어요. 처음에 우리 김집사님이……
        (누군가에게 미소를 지어 보인다.) 저한테 그러시
        더라고요. 이 세상에는 눈에 보이는 것만 있는
        게 아니라 눈에 보이지 않는 것도 있다고. 처음
        그 말을 들었을 때는요, 솔직히 참 우스웠는데
        (사람들의 웃는 소리 들린다.) 이제는 저도 그 사
        실을 분명히 여기, (가슴에 손을 얹으며) 이 가슴
        으로 느낄 수 있게 되었어요.

낮은 소리로 "할렐루야!", "아멘!" 하는 소리 들린다. 카메라
천천히 빠지기 시작하면 신애 앞에 둘러앉아 있는 교인들 예
닐곱 명 정도가 있다. 사람들은 사십 대 초반의 여자 전도사
를 중심으로 피아노 학원 바닥에 둘러앉아 있다. 김집사의 모
습도 보인다. 그들 뒤쪽으로 학원의 유리문을 통해 거리 풍경
이 보인다.

신애   그렇게 이 가슴이 누가 막 손으로 짓누르는 것
        같이 아팠는데……. 이제 안 아파요. 평화를
        얻었어요. 이제는 정말……. 제가 겪은 모든 일

들이……. (그녀의 눈에서 소리 없이 눈물이 흘러내린다.) 하나님의 뜻 가운데 있다는 것을 분명히 믿게 되었어요. 정말 감사합니다.

교인들 　아멘!

전도사 　우리 이신애 자매님은 하나님을 만났어요. 하나님을 만나고 성령을 받았어요. 고마우신 우리 주님께서 그런 은혜를 주셨어요. 고통받는 어린 양에게 구원을 주셨어요. 얼마나 감사할 일입니꺼?

교인들 　아멘!

전도사 　하나님은 지금 이곳에 계십니다. 우리와 지금 이곳에 함께 계십니다. 우리를 구원하신 하나님, 지금 이곳에 계신 하나님을 찬양합니다. 성령 안에서 모든 것을 감사하면서, 하나님께 그렇게……. 253장 찬양하겠습니다. 253장, 그런 마음을 가지면서, 손뼉을 치면서 찬양하겠습니다.

모두들 손뼉을 치며 노래하기 시작한다.

일동 　구원으로 인도하는 그 문은 참 좁으며 / 생명으로 인도하는 그 길은 참 험하니…….

유리문 바깥의 길에서 누군가 피아노 학원 쪽으로 다가온다.

종찬이다. 그는 유리문 안을 들여다보고 문을 열고 들어온다. 성경책을 들고 있는 모양새가 좀 어색하다.

일동   우리 몸에 매여 있는 그 더러운 죄 짐을 / 하나
         없이 벗어놓고 힘써서 들어갑시다…….

종찬은 아직 어디에 끼어 앉아야 좋을지 몰라 엉거주춤하게 서 있다. 손뼉 치며 노래하고 있는 사람들과 그 너머, 유리문 뒤쪽의 무심한 거리 풍경이 대조적이다.

59. 교회 앞 (외부/낮)

교회 앞 도로. 일요일이라 교회 신자들의 승용차들이 도로 양쪽으로 줄지어 주차되어 있고, 연신 차들이 들어온다. 깔끔하게 양복 차림을 한 종찬이 바쁘게 붉은 경광봉을 들고 다니며 주차 안내를 하고 있다.

종찬   (삐딱하게 주차되어 있는 차를 보고) 차를 이래 대
         놓으모 우얀다 말이고? 아 이, 니기미 씨바…….
         차를 이래 대났나? (지나가는 교인들에게 어이없다
         는 듯 손으로 차를 가리키며) 차를 이, 이, 이래…….

이 아저씨 멋진 아저씨네. 멋쟁이 아저씨네 이거.
얼굴 함 봐야겠네. (하는데 누가 다가온다. 그 남자
를 쳐다보며) 헹님 찹니꺼, 이거?

선배   그래, 와?

종찬   (웃으며) 차를 이리 대놓으모⋯⋯. (하다가 낄
           낄거리며 말을 돌린다.) 헹님 여 우짠 일입니꺼?

선배   니는 우짠 일이고?

종찬   (좀 우물쭈물한다.) 여, 교회⋯⋯. 주차 안내 좀
           한다꼬⋯⋯.

선배   (못 믿겠다는 표정으로 쳐다본다.) 니 교회 다니나?

종찬   (농담처럼 웃으며) 예, 인제부터 착하게 함 살아
           볼라꼬요⋯⋯.

선배   (차를 출발시키며) 그래 또 보자!

종찬   (떠나는 차를 향해 소리친다.) 언제 소주 한잔 사
           주실랍니꺼?

상대방은 반응이 없다. 여전히 미소 지은 채 돌아서는 종찬
앞에 차에서 내린 신애가 서 있다.

신애   김사장님!

종찬   예, 신애 씨!

신애   김사장님은⋯⋯ 왜 교회 나오세요?

종찬	(약간 당황해서) 하, 참⋯⋯. 어려운 질문 하시네 예. 와 교회에 나오느냐꼬예? 그야⋯⋯ 하나님 믿을라꼬 나오지예.
신애	정말이세요? 다른 목적이 있어서 나오는 게 아니고요?
종찬	(웃으며) 신애 씨, 뭐 오해하고 계시네예. 그기 아이고⋯⋯ 나도 믿음이 있심더.
신애	정말 믿음이 있어요? 맹세할 수 있어요?
종찬	예?
신애	하나님 앞에 맹세할 수 있냐고요. (하늘을 한번 쳐다본다.) 지금 하나님이 보고 계세요. 하나님 앞에 믿음이 있다고 맹세할 수 있어요?
종찬	⋯⋯.

종찬도 하늘을 힐끗 쳐다보고 다시 신애를 본다. 신애의 눈빛이 너무 진지해서 그는 뭐라 말을 할 수가 없다. 말없이 서로를 보고 있는 두 사람.

60. 교회 (내부/낮)

예배 중인 교회 내부. 성가대가 노래하고 있다. 찬송가를 부르는 신도들 가운데 신애의 모습이 보인다. 그 옆으로 김집사와 강장로의 모습도 보이고, 종찬의 모습노 보인다. 종찬은 찬송가를 잘 모르는 눈치지만, 나름대로 입을 맞추려고 노력하고 있다.

61. 양장점 (내부/낮)

양장점 안에 동네 가게 아줌마들 몇 명이 모여서 떡볶이 등 주전부리를 하고 있다. 신애가 그들에게 전도를 하고 있는 중이다.

양장점 주인   그런데 준 피아노. 나는 솔직히 잘 이해가 안 가
　　　　　　 거든. 자꾸 행복하다, 행복하다 카는데, 뭐가 행
　　　　　　 복하단 말이고?

신애　　　　 예, 그건요……. (미소를 짓는다.) 그냥 느끼는
　　　　　　 거예요. (가슴에 손을 얹으며) 꼭 연애하는 거 같
　　　　　　 아요. 연애를 하면 그렇잖아요, 누가 나를 사랑
　　　　　　 해주고 생각해준다는 느낌 때문에 행복하잖아
　　　　　　 요. 아침에 눈을 뜨는 순간에 사랑하는 사람이
　　　　　　 생각나고 행복해지잖아요. 꼭 그런 감정이에
　　　　　　 요. 하나님이 절 사랑하고 지켜봐주신다는 느
　　　　　　 낌……. 그걸 순간순간 너무 분명히 느끼고 그

게 얼마나 행복한지 몰라요.

양장점 주인 (탄식처럼) 아, 나도 연애 한번 해봤으마 좋겠다!

신애 그럼 교회 나오세요. 남편 눈치 안 보고 마음 놓
고 연애하실 수 있어요.

자신의 말이 스스로 생각해도 우스운지 신애가 소리 내어 웃
고, 다른 아줌마들도 웃는다.

양장점 주인 그래, 교회 나가께. 나가는데, 지금은 안 되고
나중에……. 시부모 돌아가신 뒤에…… 바로 교
회 다니께. 그라마 제사 안 지내도 될끼고…….
(말을 마치기도 전에 깔깔거리며 웃는다.)

아줌마2 (같이 웃으며) 마음을 그래 쓰면 안 되지. 제사
안 지낼라꼬 교회 다니나?

양장점 주인 참 이상하네. 와 하나만 생각하고 둘은 생각을
못 하는데? 내가 그래 하는 거는 내 좋으라고
하는 기 아이고…… 자식들 때문이다. 내가 먼
저 시행을 해갖고…….

양장점 주인은 웃음을 참지 못하고 계속 깔깔거리고, 다른 아
줌마들도 웃는다.

62. 밀양역 (외부/낮)

밀양역 앞 광장에서 전도 찬양 중인 사람들. 기타를 연주하는 종찬. 일고여덟 명 정도의 사람들과 함께 통기타를 어깨에 메고 노래하고 있다. 신애도 끼어 있다. 종찬은 좀 어색해하긴 하지만, 나름대로 열심히 한다. 그러나 역 광장을 지나는 사람들은 그들에게 별 관심이 없는 것 같다.

한창 노래하던 종찬이 누군가를 발견한다. 광장 저만치에서 친구들 두어 명이 재미있다는 듯이 빙글거리며 보고 있다. 종찬, 눈치 채지 않게 손끝을 놀려 그들에게 가라고 손짓한다. 그러나 그들은 여전히 웃으며 구경하고 있다.

63. 밀양역 (외부/낮)

역 광장의 한쪽 구석. 주차되어 있는 친구들의 차 뒤에 서서 종찬이 친구들과 이야기하고 있다. 멀리 아직도 노래하고 있는 전도 찬양대의 모습이 보인다. 그쪽을 힐끔거리며 담배에 불을 붙이는 종찬. 맛있게 연기를 내뿜는다.

신사장   애쓴다. 여자 때문에 교회에도 나가고……. 역
         앞에 서가 찬송가도 부르고……. 어떠노? 피아

	노 원장 반응이 좀 있나?
종찬	헹님, 오해하지 마소. 나하고 신애 씨하고는 그
	런 관계 아이라 카이께네.
친구2	아이긴 뭐가 아이라?

친구들이 킬킬거린다.

친구1	(갑자기 생각난 듯) 내 지난주 일요일날 지리산
	가가, 웃통 다 벗고 빤쭈 요까지 (무릎까지 팬티
	를 내리는 시늉을 하며) 내라가 기를 파악 받아
	가…… 종차이 니한테 좀 불어넣어 줄라꼬……
	맞아, 내가 니를 못 만났네, 그라고 나서부
	터……. 웃통도 전부 다 벗고, 새벽에 아무도 올
	라오기 전에 퍼뜩 올라가가 빤쭈 요까지 딱 내
	라가, 기를…… 이래가, (기를 받는 시늉) 전라
	도 내장산 보고도 함 하고, (방향을 바꿔 몸을 돌
	리며) 제주도 한라산 보고도 함 하고. 기를 이빠
	이 받아가 니한테 넣어줄라꼬 일부러 그래 했는
	데……. 야, 그걸 잊아뿟네. 최고 중요한 거를요.
종찬	나 기 필요 없다. 있는 것도 처치 곤란이다.
친구1	내가 다음 주 설악산 대청봉에 가는데……. 이
	번에는 설악산 기를 받아주께. 대청봉에 사람

많아서 되겠나?

송찬   담배 이거 와 이래 맛있노? 올따라 억수로 맛있
네. (담배 연기를 시원하게 내뿜는다.)

64. 신애 집 (내부/낮)

부엌 싱크대 앞에 서 있는 신애. 혼자 선 채로 밥을 먹고 있다.
사이. 그녀의 눈에서 소리 없이 눈물이 흘러내린다. 예고 없
이 찾아온 고통. 그 고통을 이기려는 듯,

신애   (고개를 들고 작은 소리로) 하늘에 계신 우리 아
버지…… 이름이 거룩히 여김을 받으시오며, 나
라에 임하옵시며, 뜻이 하늘에서 이루어진 것같
이, 땅에서도 이루어지이다. 우리가 우리에게
죄 지은 자를 사하여준 것같이…… 우리 죄를
사하여주시옵고…….

문득 그녀의 등 뒤에서 피아노 학원과 연결된 유리문이 열리
는 소리가 들린다. 뒤이어 가방을 함부로 바닥에 던지는 소리
와 함께 아이의 급한 발소리, 화장실 문이 열리는 소리가 이
어진다. 변기 뚜껑이 열리는 소리와 함께 오줌 누는 소리가

들린다. 그녀의 얼굴이 믿을 수 없다는 듯 굳어진다. 그녀에
겐 너무나 익숙한 소리인 것이다. 천천히 몸을 돌리는 신애.
카메라, 화장실을 향해 걸어오는 신애를 잡으며 트랙백 한다.
이윽고 화장실 문을 연다. 등을 보인 채 서서 변기에 오줌을
누고 있는 아이. 준의 뒷모습과 닮았다.

신애   (차마 믿을 수 없지만 자신도 모르게 흘러나오는 소
           리) 준!

오줌을 누고 있던 아이가 뒤를 돌아보면, 피아노를 배우러 오
는 다른 아이(기범)다.

65. 도로 (외부/낮)

운전 중인 신애. 피아노 교습을 마친 아이들을 차로 데려다주
고 있는 길이다. 옆자리에도 아이가 타고 있고, 뒷자리에는
기범이를 비롯한 네 명의 아이가 타고 있다. 아이들은 자기들
끼리 재잘거린다. 차가 길가에 멈춘다.

신애   기범이 안녕!
기범   (조수석에서 문을 열고 내리며) 안녕히 계세요.

다시 차가 출발한다. 여섯 살쯤 되어 보이는 여자아이 하나가
일어나 뒤에서 신애의 목을 안는다.

신애   희정이, 운전할 때 이러면 안 돼.

말을 그렇게 하면서도 신애는 턱을 기울여 아이의 팔에 부빈다.
아이는 여전히 신애의 목을 안고 있다. 다시 차가 길가에 선다.

신애   민지, 먼저 내리고. 차례차례⋯⋯. (아이들이 인
             사하며 내린다.) 희정이도 내리고. (희정이는 안
             내릴 것처럼 신애의 목을 계속 안고 있다.) 빨리 내
             려. 선생님 약속 있어. 늦었어.

결국 희정이 차에서 내린다. 신애가 손을 흔든다.

신애   안녕!

아이들도 손을 흔든다. 차가 출발하기 전에, 도로에서 안으로
들어간 골목에 십 대 아이 두어 명이 보인다. 남자아이가 여
자아이를 때리고 있는 듯하다. 조금 가다가 갑자기 차를 정지
시키는 신애. 다시 차를 천천히 후진시킨다.
차창 너머로 골목 안쪽의 광경이 보인다. 남자아이가 여자아

이를 때리고 있는 모습이 보인다. 여자아이는 정아다. 그녀는 별 저항도 하지 못하고 맞고만 있다. 남자아이 옆에는 친구인 듯한 다른 사내아이가 서서 보고만 있다. 그들을 보고 있는 신애의 얼굴.

무자비한 폭력은 계속된다. 정아가 더 참지 못하고 비명을 지른다. 그러다가 정아가 신애 쪽을 본다. 두 사람의 눈이 마주친다. 신애는 말없이 보고만 있다. 남자아이가 간간이 뭐라고 말하면서 계속 정아를 때린다. 발길질을 하기도 한다. 고통스런 비명 소리를 내면서도 정아는 계속 신애를 보고 있다.

결국 다시 차를 출발시키는 신애. 그러나 계속 백미러로 뒤를 보고 있다. 그러다가 깜빡 전방에 횡단보도가 있음을 보지 못하고 황급히 브레이크를 밟는다. 횡단보도를 건너던 삼십 대 남녀가 놀라 이쪽을 쳐다본다. 서로 다정하게 손을 잡고 있는, 아주 가정적으로 보이는 반바지 차림에 커플티를 입은 부부. 남자는 장바구니를 손에 들고 있다. 남자가 여자의 손을 잡은 채 다가온다.

신애   (차창을 내리며) 미안합니다.

남자   (화난 음성으로) 무슨 운전을 그따우로 해요?

신애   미안합니다. 제가 깜박했네요. 미안합니다…….

남자   운전을 할라마 똑바로 해야지요!

신애   (계속 고개를 숙이며) 정말 미안합니다.

여전히 남자의 손을 잡고 있던 여자가 더욱 사납게 소리친다.

여자   미안하다면 그만이가? 응? 사람 쥑이놓고도 응?
                 미안하다 말만 하마 되겠네?
신애   ……. (뭐라 할 말을 잃고 여자를 쳐다본다.)
여자   보기는 뭘 보노?

남자가 여자의 팔을 끈다. 마치 상대할 필요도 없다는 투다.
다시 한번 신애를 노려보고는 여자가 남자를 따라 걸어간다.
멀어져가는 두 남녀를 말없이 보고 있는 신애. 그녀의 얼굴은
화석처럼 굳어 있다. 말할 수 없는 분노와 서러움으로, 이윽
고 그녀의 두 눈에서 눈물이 흘러 뺨을 타고 내린다.

66. 카페 (내부/낮)

경쾌한 음악이 흐르는 어느 카페. 문이 열리고 신애가 서둘러
들어온다. 영남루와 밀양교가 내다보이는 창가의 한쪽 테이
블에 교우들 대여섯 명이 모여 있다.

신애   죄송해요. 제가 늦었죠?
김집사   주인공이 이래 늦게 오마 우야노?

신애	주인공이요? (그제야 탁자 위에 작은 케이크가 놓인 걸 보고) 어머!
박명숙	(곁에 두었던 꽃다발을 김집사에게 주며) 집사님, 이거…… .
김집사	(오집사를 가리키며) 이쁜 옷 입고 온 사람이 주는 게 좋겠네.

사람들 웃는다. 오집사, 꽃다발을 받으며,

오집사	어쩐지 오늘 이쁜 옷 입고 오고 싶디마는 이런 영광도 나한테 오네.
교우1	축하 노래해야지!
박명숙	같이 우리 그거 하죠. 당신은 사랑받기 위해 태어난 사람, 그거…… .
김집사	그래 그 노래 좋겠다.

일동 손뼉 치며 노래하기 시작한다.

사람들	당신은 사랑받기 위해 태어난 사람. / 당신의 삶 속에서 그 사랑 받고 있지요. / 당신은 사랑받기 위해 태어난 사람. / 당신의 삶 속에서 그 사랑 받고 있지요…… .

노래가 계속되는 동안 말없이 두 손을 모으고 사람들을 보고 있는 신애.

사람들   태초부터 시작된 하나님의 사랑은 / 우리의 만남을 통해 열매를 맺고 / 당신이 이 세상에 존재함으로 인해 / 우리에게 얼마나 큰 기쁨이 되는지……. (노래가 끝나자 모두 아이처럼 환호하고 박수친다.)

오집사   (꽃다발을 신애에게 건네며) 축하해요.

사람들의 박수 속에 꽃다발을 받으며 신애는 채 말을 잇지 못한다.

신애   ……예뻐요.

케이크의 촛불을 불어 끈다. 다시 박수.

신애   (감정을 억제하려 애쓰며) 감사합니다. 이렇게 예쁜 꽃도 주시고……. 저는 오늘이 제 생일인지도 몰랐는데……. (사이) 저…… 한 가지 말씀드릴 게 있어요. 제가 여기 오면서 결심한 게 있어요. (잠시 말을 끊고 사람들을 둘러본다.) ……저

	이번 주일에 교도소로 면회를 가려고 해요.
오집사	교도소를 와? 누가, 아는 사람이 교도소에 들어 갔어요?
신애	(미소를 지으며) 예, 제가 잘 아는 사람이 지금 교도소에 있지요. 우리 아이 죽인 범인이요.

사람들은 뭐라고 할 말을 잃은 표정이다.

김집사	그 사람……. 범인을 와 면회하려는데?
신애	용서해주려고요. 내게 너무 큰 고통을 안겨준 사람이지만……. 하나님이 원수를 사랑하고 용서하라고 했잖아요.
신도2	이신애 씨 정말 대단하다!

사람들은 더 말하지 못한다. 사이.

김집사	그런데 꼭 면회를 가서 용서해줘야 하나?
신애	그럼요. 내가 교도소에 직접 찾아가서 그 사람한테 내 용서를 말하고 하나님의 사랑을 전하는 게 중요하죠.

신애의 눈빛과 목소리는 확신에 차 있다. 사람들은 말없이 그

녀를 본다. 문득 오집사가 감동한 듯이 손을 뻗어 신애의 손을 잡고 노래 부르기 시작한다.

오집사   당신이 이 세상에 존재함으로 인해 / 우리에게 얼마나 큰 기쁨이 되는지…….

67. 목사 사무실 (내부/낮)

소파에 신애와 목사가 마주 앉아 있다.

목사   용서한다는 것……. 쉬운 일 아입니다. 하나님 말씀 중에 우리가 제일 지키기 어려운 것이 내 원수를 용서하라는 말씀이에요. 그런데 우리 자매께서는 그 고통을 겪고서도 이제 직접 용서까지 하겠다니 참 어려운 결심을 했습니다.

신애   사실은 오래 생각한 일이에요, 목사님. 제가 주님을 받아들이고부터…… 제게 너무도 고마우신 주님을 위해 난 무얼 해야 되나 하고 늘 생각했거든요.

목사   이신애 씨 교도소 갈 때 하나님이 따라가실 낍니다. 자, 함께 기도하십시다.

두 사람 고개 숙이고, 목사가 기도를 시작한다. 목사의 기도
는 다음 장면으로 이어진다.

목사   하나님 아버지 감사합니다. 주님 함께하여주시
고, 오늘도 아버지 하나님의 말씀을 감당할 수
있도록 인도하여주신 걸 감사드립니다. 우리가
아버지 하나님, 죄로 인해서 영원히 죽을 수밖
에 없고 멸망받을 수밖에 없었지만, 아버지 하
나님…….

68. 교회 (내부/낮)

예배 중인 교회 뒤쪽에 카메라 고정되어 있다. 줄지어 앉아
고개를 숙이고 있는 신도들의 뒷모습, 그리고 연단에서 목사
가 예배를 마치는 기도를 하고 있다.

목사   (앞 장면의 기도가 이어지듯) ……우리를 구원하
시기 위해서 주님께서 십자가에 못 박혀 죽으
신 그 귀한 은혜에 보답코자 우리도 남을 용서
할 수 있는 용기를 주신 것에 감사드립니다. 또
아버지 하나님, 당신의 놀라운 영광을 이 땅에

우리의 믿음을 통하여 이룩하는 귀한 시간이 될
수 있도록 수님 인도하여 주시옵소서. 감사드리
며 예수 그리스도 이름으로 기도 드리옵나이다.
아멘.

교인들   (다 같이) 아멘!

목사   축복하겠습니다. 사랑합니다. 축복합니다…….

교인들   (목사의 말에 모두 서로 옆 사람을 안으며 축복을 해
준다.) 사랑합니다. 축복합니다!

카메라 앞줄에서 오집사가 일어나 뒤를 돌아보며 말한다.

오집사   자, 우리는 얼릉 일어나자. 차 밀린다. 주일이라서!

카메라 앞에서 신애가 일어나며 다른 신도들과 인사한다.

69. 교회 앞 계단 (외부/낮)

예배를 마치고 나오는 신자들로 북적거린다. 신애가 계단을
내려오고 있다. 오집사가 다른 신자들과 이야기하다가 신애
에게 묻는다.

오집사	누구 차로 갈 끼고?
신애	김종찬 씨가 차로 데려다준대요.
오집사	(계단 아래쪽을 돌아보며 작은 소리로) 그래? 우째 빠지노 했다…….

신애가 웃으며 주먹으로 때리는 시늉을 하고 먼저 계단을 내려가면, 종찬이 다가온다.

종찬	나는…… 암만 캐도 마음에 좀 걸리네요.
신애	뭐가요?
종찬	교도소 면회 가는 기……. 마음으로 용서하면 고마 됐다 아입니꺼? 근데 교도소 면회까지 가가 용서한다는 말을 하고……. 그럴 필요까지 있나 이거지요. 신애 씨가 뭐 성자도 아이고…….
신애	왜, 데려다주기 싫으세요?
종찬	아이, 그기 아이라……. 나야 좋지예. 나야 신애 씨하고 단둘이 드라이브도 하고 좋지예. 그런데…….
신애	단 둘이 가는 거 아니에요. 오집사님하고 박명숙 씨도 같이 가신대요.
종찬	(좀 실망한 표정이다.) 그래예?
신애	어쩌실래요? 가실 거예요, 말 거예요?

종찬	가입시더, 나야 신애 씨가 가자 카마 가지예. 그
	런데······.

신애는 종찬의 말을 더 듣지도 않고 몸을 돌려 소리친다.

신애	빨리 오세요!

오집사와 박명숙이 사람들과 호들갑스럽게 웃으며 인사하고
계단을 서둘러 내려온다. 종찬의 뒤를 따라 차 쪽으로 가는
사람들. 모두들 마치 소풍이라도 가는 듯 밝은 분위기다.

70. 교도소 주차장 (외부/낮)

마산 교도소 주차장. 종찬의 차가 도착하고, 신애와 종찬이
차에서 내린다. 신애는 손에 몇 송이 들꽃을 들고 있다. 신애
일행이 구치소 건물 쪽으로 걸어가기 시작한다. 종찬이 조금
앞서서 걷고 여자들이 그 뒤를 따라간다. 오집사와 박명숙은
도란도란 이야기를 나누고 있다. 길고 높다란 교도소 담벼락
만 아니라면, 영락없이 소풍 가는 분위기다. 걸어가면서 신애
는 문득 하늘을 쳐다본다. 햇빛이 눈부신지 얼굴을 찡그린다.

71. 대기실 (외부/낮)

접견실 앞 옥외 대기실. 등나무 아래 놓인 의자에 열두어 명
의 면회객들이 앉아서 대기하고 있다. 신애와 종찬, 오집사,
박명숙의 모습도 보인다. 신애는 무릎에 성경을 올려놓고 손
에는 꽃을 쥐고 앉아 있다. 무서울 게 없다고 했지만, 긴장하
고 있는 표정이 역력하다.
면회 시작을 알리는 벨이 요란하게 울린다. 면회객들이 일제
히 일어서서 접견실 건물 입구 쪽으로 간다. 신애와 종찬도
일어난다.

오집사   (큰 소리로 신애에게) 잘하고 와!
박명숙   (주먹을 들어 보이며) 화이팅!

돌아보며 미소 짓는 신애.

72. 접견실 (내부/낮)

작은 구멍이 송송 뚫린 플라스틱 창 너머로 죄수복을 입은 한
남자가 교도관과 함께 들어선다. 박도섭이다. 그는 자리에 앉
아 굳은 얼굴로 면회객을 본다. 사이. 박도섭을 쳐다보는 신

애의 얼굴. 잠시 말없이 앉아 있다가 이윽고 입을 연다.

신애   ……얼굴이 좋네요. 생각보다.
박도섭   죄송합니다.
신애   아니에요. 건강해야지요. (그녀의 얼굴에 미소가
            떠오른다.) 아무리 큰 죄를 지은 죄인이래도 하
            나님은 건강을 주시잖아요.

말없이 신애를 바라보는 박도섭. 그녀의 말이 좀 뜻밖이라는
듯한 표정이다.

신애   이 꽃…… (손에 들고 있던 꽃을 들어 보인다.) 오다
            가 길가에 핀 걸 꺾어 왔어요. 이 안에선 꽃 보기
            힘들잖아요. 예쁘죠? 이 예쁜 꽃도 하나님이 우
            리한테 주시는 선물이에요. 내가 오늘 여기 찾
            아온 건요……. 하나님의 은혜와 사랑을 전해주
            러 왔어요. 나도 전에는 몰랐어요. 하나님 계시
            다는 것도 절대 안 믿었어요. 내 눈에 안 보이니
            까 안 믿었죠. 그런데 우리 준이 때문에…….

그녀는 잠깐 감정을 억제하려 한다. 그리고 미소를 지으려 노
력한다.

신애	……하나님 사랑을 알고 비로소 마음의 평화를 얻고 새 생명을 얻었어요. 얼마나 감사한지, 그분의 사랑과 은혜를 느낄 수 있어서 얼마나 행복한지 모르겠어요. 그래서 내가 이곳에 찾아온 거예요……. 그분의 사랑을 전해주기 위해서요.
박도섭	고맙습니더.

신애가 박도섭을 쳐다본다.

박도섭	정말로 고맙습니다. 준이 어머니한테 우리 하나님 아버지 이야기를 듣게 되이……. 참말로 감사합니다. 내 기도가 통했는갑심더.

박도섭의 그 말이 신애를 놀라게 한다.

박도섭	저도 믿음을 가지게 되었거든예. 여, 교도소에 들어온 뒤로……. 하나님을 가슴에 받아들이게 됐심더. 하나님이 이 죄 많은 인간한테 찾아와 주신 거지예.

신애는 말없이 박도섭을 쳐다본다. 박도섭은 믿음을 가진 사람답게 아주 평화롭고 안정되어 보인다.

신애	(이윽고) ⋯⋯그래요? 하나님을 알게 되었다니 다행이네요.
박도섭	예, 얼마나 감사한 일입니꺼? 하나님이 저한테, 이 죄 많은 놈한테 손 내밀어주시고, 그 앞에 엎드리가 지은 죄를 회개하도록 하고, 제 죄를 용서해주셨습니더.
신애	하나님이⋯⋯ 죄를 용서해주셨다고요?
박도섭	예! 눈물로 회개하고 용서받았습니다. 그라고 나서부터 마음의 평화를 얻었심더. 잠도 잘 자고⋯⋯. 아침에 일어나자마자 기도하고⋯⋯. 하루하루가 얼마나 감사한지 모릅니다. 인제 아무 여한이 없습니다. 어떤 처벌을 받더라도, 사형이 돼도 달게 받을 마음의 준비를 하고 있습니다. 정말로⋯⋯ 장기기증까지 다 해두었심더. 이 죄 많은 인간의 몸이라도 하나님이 주신 거라 가치 있게 쓰일 수 있으면 좋겠다, 그런 생각 했심더. 하나님한테 회개하고 용서받으이 이렇게 편합니다, 내 마음이. (가슴에 손을 얹는다.)
신애	⋯⋯.
박도섭	요새는 내가 기도로 눈 뜨고 기도로 눈 감습니더. 준이 어머니를 위해서도 기도 마이 합니더. 빼놓지 않고 늘 합니더. 죽을 때까지 할 낍니더.

그런데 인제 이래 만나고 보이, 하나님이 역시
제 기도를 들어주시는갑심더.

언제부터인가 신애는 아무런 말도 하지 못하고 있다.

73. 교도소 주차장 (외부/낮)

교도소 건물을 나와 주차장으로 걸어가는 신애 일행. 신애가
몇 걸음 앞서서 걸어가고 그 뒤를 다른 사람들이 따라간다.
종찬이 두 여자에게 수다스럽게 이야기하고 있다.

종찬   솔직히 나는 좀 걱정했었는데……. 잘됐심다.
           분위기 좋았심다. 처음에 딱 들어오는데 얼굴이
           훤하이, 너무 얼굴이 좋은 기라요. 야, 교도소
           들어앉아 있는 죄인치고 얼굴이 너무 좋아 보인
           다……. 내 혼자 속으로 그래 생각했는데, 알고
           보이 그 친구도 하나님을 믿게 됐다는 기라.
오집사   아멘!
종찬   하나님 믿고 구원받으면서 그래 마음이 편해졌
           다는 기라. 그라고부터 하나님 이야기만 한 거
           지예. 서로. 야, 얼굴 좋대, 그 친구……. 하나님

힘이 무섭긴 무섭대요.

오집사   (의기양양해서) 그럼, 하나님 힘이 부섭지! (박명
　　　　숙에게 웃으며) 그럴 줄 알았으면 우리도 들어갈
　　　　건데, 괜히 자기 때문에…….

그들은 이제 주차장에 도착했다. 종찬이 자기 차 옆으로 가다
가 돌아보면, 신애는 저쪽으로 혼자 가고 있다.

종찬   신애 씨! 어데 가요? 여, 이 찹니다!

신애가 돌아선다. 말없이 이쪽을 보고 있는 그녀의 얼굴이 몹
시 창백해 보인다. 그녀는 얼어붙은 듯 그 자리에 서 있다. 차
문을 여는 종찬. 그리고 신애를 쳐다본다.
신애는 아직 자신의 손에 들려 있는 꽃을 내려다본다. 그리고
그것을 땅바닥에 던져버리고 이쪽을 보다가 갑자기 그 자리
에서 무너지듯 쓰러져버린다. 종찬이 놀라 달려가고, 차에 타
려던 여자들도 그 뒤를 쫓아간다.

74. 병원 (외부/밤)

종찬은 어두운 병원 현관 한쪽에 앉아 담배를 피우며 누군가

와 통화를 하고 있다. 가을비가 추적거리고 있다.

종찬   ……일하고 있심더. 일하고 있다고! (목소리가 좀
       퉁명스럽다.) 밤이라도 바쁘마 일해야지. 아, 조용
       하이 조용하지, 와 조용하냐이? 뭐, 뭐 카센터는
       맨날 시끄러분 줄 압니꺼? ……무슨 꿈을 꿋는
       데? 아, 무슨 꿈을 꿋는데? (사이) 하 참, 힘들이
       가 일하고 있는 사람한테 맨날 그런 식으로…….
       아무 일 없어요. 아무 일 없다 카이! ……밥 묵었
       지, 그라마 엄마는 내가 밥도 몬 묵는 줄 압니꺼?
       통화 고마하입시더. 아, 알았다 카이…….

전화를 끊은 종찬이 입구 쪽을 보더니, 얼른 담배를 끈다. 우
산을 쓴 사람들이 그를 향해 걸어온다. 종찬이 허리를 굽히며
인사한다. 우산을 접으면, 목사와 강장로 등 교인들이다.

목사   상태가 어때요?
종찬   예, 지금 링게르 맞고 있심다. 의사 말이 정신적
       인 충격이 있었던 모양인데, 하루 이틀 안정을
       취하는 기 좋겠다 카네예.
목사   (우산의 비를 털어내며) 어쨌든 들어가보입시다.
종찬   (난처한 듯이) 그런데 지금 아무도 안 만날라 카

네예. 목사님 오신다 캤는데도……. 절대로 안 만난답니더.

오집사   도대체 와 저러는지 모르겠어요. 면회 잘하고 나와가……. 그 범인도 하나님 믿게 됐다 카고 하나님 은혜를 알게 됐다고 너무 고마워했다 캤 는데……. (모두들 잠시 말이 없다.)

목사   주님 말씀대로 사는 게 참 어려운 겁니다.

다들 잠시 그 자리에 말없이 서 있다.

75. 응급실 (내부/밤)

카메라는 신애의 침상 쪽에서 멀리 열려진 문으로 응급실 안을 보고 서 있는 종찬을 보여준다. 이윽고 그가 카메라 쪽을 향해 다가온다. 종찬이 신애의 침상 옆 의자에 앉는다. 잠시 누워 있는 신애를 보고 있다. 잠이 든 것일까. 신애는 눈을 감고 꼼짝도 않고 누워 있다.

종찬, 조심스럽게 고개를 숙여 그녀를 들여다본다. 눈을 감은 그녀의 얼굴이 아주 가까이 있다. 엷은 숨소리가 들린다. 눈물 같은 것이 속눈썹에 맺혀 있다. 그녀의 머리칼이 뺨을 반쯤 덮고 있다. 고개를 조금만 숙이면, 코끝이 그녀의 머리칼

에 닿을 것 같다. 실제로 그는 고개를 숙여 코끝을 머리칼에
댄다. 머리 냄새를 맡으려는 듯 깊게 숨을 들이마신다. 사이.
몸을 일으켜 자리를 떠나는 종찬. 그녀가 눈을 뜬다. 텅 빈 듯
한 시선.

76. 신애 집 (내외부/낮)

마루 한쪽에 칼날처럼 떨어져 있는 햇빛 한 조각.
마루방의 소파에 신애가 혼자 누워서 그 햇빛을 보고 있다.
갑자기 그녀가 일어나서 소파를 반대편으로 돌려놓고 다시
눕는다. 마치 그 햇빛으로부터 등을 돌리는 것처럼. 눈을 뜬
채, 그러나 시체처럼 꼼짝도 않고 누워 있다가 작은 휴대용
녹음기의 스위치를 누른다. 준의 목소리가 흘러나온다. 웅변
발표회 때의 씩씩한 목소리다.

준(E)   어머니 고맙습니다. 훌륭한 사람이 되라고 언제
               나 보살펴주시고 아껴주시는 부모님 크신 은혜
               한없이 감사하고 고맙습니다. 열심히 공부하고
               착하게 자라서 이 나라의 훌륭한 사람이 되겠다
               고 이 어린이는…… 힘주어 외칩니다!

갑자기 자리에서 일어나는 신애. 급하게 겉옷을 걸쳐 입고 밖으로 나간다.

77. 예배당 (내부/낮)

신애가 문을 밀고 들어선다. 평일이라 두어 명의 기도하는 여자들이 보일 뿐, 비어 있는 교회 안. 줄지어 있는 긴 의자들 너머 보이는 기도하는 여자들의 뒷모습. 두 팔 사이에 머리를 파묻고 열렬히 기도하는 여자도 있다. 웅얼거리는 기도 소리는 거의 흐느끼는 것처럼 들린다.

그녀는 잠시 그 자리에 서서 앞을 바라보고 있다가 카메라 쪽으로 다가와 자리에 앉는다. 계속해서 앞을 보고 있던 그녀가 손바닥으로 의자를 두드리기 시작한다. 사람들의 기도를 방해하듯. 처음에는 천천히 시작하다가 점점 세게 두드린다. 기도하던 여자들이 놀라 돌아본다. 그래도 그녀는 손으로 계속 두드린다. 그들은 놀란 얼굴로 그녀를 쳐다보고 있다. 그녀는 무섭게 부릅뜬 눈으로 제단 위의 십자가를 노려보고 있다.

78. 신애 집 (내부/저녁)

신애의 집 마루에 교인들 여남은 명이 앉아 있고, 조금 떨어져서 신애가 앉아 있다. 목사를 비롯해 김집사, 오집사, 박명숙도 있고, 종찬의 모습도 보인다. 무거운 분위기다.

오집사   우리 주님도 이선생을 이해하실 끼다. 이선생도
                주님 말씀 실천할라꼬 노력 안 했나? 그 원수
                같은 범인을 용서할라꼬 교도소에까지 안 찾아
                갔나?
목사   하나님 말씀대로 사는 것이 참 어려운 겁니다.
                주님의 뜻대로 용서하고 싶어서……. 용서해줄
                라꼬 만났는데, 막상 용서가 안 되고 마음이 더
                괴로워진 것이지요. 이런 때일수록 우리 주님에
                대한 믿음으로 이겨내야 합니다.
신애   ……。

신애는 여전히 말이 없다. 종찬이 그런 그녀를 안타까운 듯 쳐다본다.

목사   (사람들을 돌아보며) 우리 이신애 씨를 위해 함께
                기도하십시다. 기도 속에서 해답을 찾고 하나님

의 음성을 들을 수 있습니다. 자, 다 같이 기도하
겠습니다.

모두들 고개를 숙이고 기도를 시작한다.

목사   우리를 사랑하고 구원하시는 아버지 하나님. 여
        기 네 원수를 사랑하고 용서하라는 당신의 뜻을
        지키기 위해 나섰던 가련한 어린 양이 그 마음
        의 슬픔과 고통을 이기지 못해 참으로 괴로워하
        고 있습니다. 이 가련한 영혼에게 구원의 손길
        을 주시고 죄인을 진정으로 용서할 수 있는 믿
        음을 허락해주시옵소서…….
신애   (갑자기 소리친다.) 용서요? 어떻게 용서해요?

모두들 놀라 그녀를 쳐다본다.

신애   (자리에서 일어나며) 용서하고 싶어도 난 할 수
        가 없어요! 그 인간은 이미 용서를 받았대요!
        하나님한테! 그래서 마음의 평화를 얻었대요!
김집사   (신애를 진정시키려 붙들며) 아이고, 와 이라노?
        목사님 기도 중에……. 그래 하나님이 용서하셨
        으이까네…… 이선생도 용서해야지.

신애	이미 용서를 받았는데, 내가 어떻게 다시 용서
	할 수 있어요? 내가 그 인간을 용서하기도 전에
	어떻게 하나님이 먼저 그를 용서할 수 있어요?
	난 이렇게 괴로운데 그 인간은 하나님 사랑으로
	용서받고 구원받았어요! 어떻게 그럴 수가 있
	어요? 왜? 왜애?

모두들 어찌할 바를 모르고 그녀를 쳐다보고만 있다. 사이.

| 신애 | 이제…… 죄송하지만 돌아가주세요. 저 할 일이 |
| | 많거든요. |

말을 마친 그녀는 몸을 돌려 부엌 쪽으로 걸어간다. 사람들 선뜻 일어나지 못하고 보고만 있다. 갑자기 부엌 쪽에서 찢어지는 듯한 비명 소리가 들린다. 종찬이 놀라 달려간다.

| 종찬 | 와예? 신애 씨, 와 그래예? |

그러나 신애는 얼굴을 감싼 채 계속 소리를 지르고 있다. 종찬이 싱크대 밑을 들여다본다.

| 종찬 | 지렁이네요, 지렁이……. 난 또 뭐라고……. (신 |

애를 쳐다보며 짐짓 농담을 한다.) 와, 지렁이가 디기 놀랐겠다. 다시는 이 집에 안 오겠네.

얼이 빠진 듯 서 있던 신애는 갑자기 자리에 주저앉으며 울음을 터트린다. 그녀의 울음은 타는 듯이 맹렬하다. 불에 덴 아이처럼 울고 있는 그녀를 종찬이 속수무책으로 바라보고 있고, 사람들도 보고 있다.

79. 음반가게 (내외부/낮)

신나라 음반가게 내부. 손님이 없는 한적한 가게 안쪽 계산대에는 알바생으로 보이는 종업원이 친구와 컴퓨터 모니터를 보며 뭐가 우스운지 소리 죽여 킬킬거리고 있다. 문득 알바생이 카메라 쪽을 보며 묻는다.

종업원　　(신애를 쳐다보며) 뭐 찾으시는 거 있어예?
신애(O.S)　예, 그냥…… 구경하는 거예요.

신애가 프레임인 된다. 진열된 음반들을 보고 있다. 카메라, 그녀의 움직임을 따라 천천히 FOLLOW. 그녀가 진열되어 있는 CD 하나를 집어 든다. 카메라 FOLLOW 하면 '김추자 베스트 20'이라는 타이틀이 얼핏 보인다. 그것을 손에 들고 신애는 슬쩍 계산대 쪽을 돌아보더니, 몰래 CD를 팬티 속에 집어넣어 감춘다. 그리고 문 쪽으로 걸어 나가기 시작한다. 카메라 FOLLOW. 출입구를 지나는데 갑자기 부저가 울린다. 신애, 놀라 쳐다보지만 그냥 문을 밀고 나간다.

종업원(O.S) 손님!

문을 밀고 나오는 신애. 알바생이 쫓아 나온다. 친구도 뒤따라 나온다.

종업원   손님! (신애를 붙든다.) 손님! 계산 안 하셨죠?
신애   무슨 계산요?
종업원   (신애의 가방을 잡으려 하며) 가방 좀 열어보세요.
신애   (놀라 뿌리치며) 이거 왜 이래요?
종업원   (가방을 잡으며) 가방 좀 열어보세요!
신애   (놀라 소리친다.) 놔! 이거 놔!

가방을 안고 소리치는 신애의 서슬에 종업원과 친구가 놀라 쳐다본다. 지나가는 사람들도 걸음을 멈추고 보고 있다. 종업원과 친구가 다시 가방을 뺏으려 하고, 신애는 뺏기지 않으려 한다. 가방에 집착하는 신애의 태도는 아무래도 병적이다. 밀

고 당기는 와중에 CD가 땅에 떨어진다. 종업원이 CD를 주워
든다. 신애는 가방을 꼭 안은 채 쪼그려 앉는다. 누군가 다시
가방을 뺏을까 몹시 불안해하는 것 같다.

80. 공터 (외부/저녁)

소나무 숲으로 둘러싸인 긴늪 유원지. 부흥회가 열리고 있는
듯 확성기 소리와 군중들의 합창 소리 들린다. 신애가 유원지
입구로 들어선다. 부흥회가 열리는 곳으로 걸어간다. 소나무
숲 사이. 대형 연단이 세워져 있고, 그 앞에 이삼백 명의 신자
들이 모여 앉아 기도를 하고 있다. 신애가 다가와 한창 기도
를 하고 있는 신자들과 연단 위의 목사를 본다.

노목사   할렐루야!
청중들   아멘!
노목사   할렐루야!
청중들   아멘!
노목사   네. 우리 하나님께 한 번 더 찬양과 영광의 박수
             를 올리겠습니다.

박수를 치는 사람들. 간절한 표정으로 목사의 설교를 듣고 있

는 사람들의 모습. 서로 몸을 밀착한 채 함께 기도하는 젊은 연인들, 눈을 감고 두 팔을 들고 뭔가 중얼거리는 사람 등. 신앙의 간절함이 느껴진다.

신애, 기도하는 사람들을 보며 연단 쪽으로 걸어간다. 연단 위에는 "밀양 지역 합동 기도회"란 글씨가 보이고, "새롭게 하소서", "믿음으로 인한 변화" 등의 현수막도 보인다. 목사로 보이는 사람들 몇 명이 연단에 나란히 앉아 있고, 신애가 다니는 교회의 목사도 보인다. 나이 지긋한 목사가 설교를 하고 있다.

노목사　　여러분! 성령님이 붙들지 않는 인생 비참합니다. 성령의 능력에 사로잡히지 않는 인생 맨날 패배합니다. 그러므로 우리가 성령 충만해야 하나님의 뜻을 알고, 그 뜻에 합당하게 순종하며 살 수 있어요. 그것에 자유함이 있고, 은혜가 있고, 복이 있어요. 그러므로 이제부터 여러분의 관심이 오직 성령님께로 집중되기를 축복합니다.

청중들　　아멘!

노목사　　기도할 때도, 생활 속에서도, 봉사할 때에도, 성령님과 함께, 성령님을 위하여, (손을 들며) 성령님 안에서! 이게 우리가 사는 방법이란 거죠. 그러므로 오늘 이 숲속에서 이 성령님의 놀라운 일들을 아시고 성령 충만을 받는 좋은 계기가 될 수 있기를 바랍니다.

청중들   아멘!

노목사   이 시간에 우리 함께 기도하겠어요. 무릎 꿇고
하겠어요, 땅과 가까이. 사랑이 많으신 하나님,
오늘 이 시간 능력으로 역사하시옵소서. 말씀으
로 역사하시옵소서. 지혜로 역사하시옵소서, 은
사로 역사하시옵소서, 열매로 역사하시옵소서,
성령 충만하도록 주장하여주시옵소서. 순종하
며 살겠습니다. 포기하며 살겠습니다. 성령님의
명령을 따라 살겠습니다. 순종의 삶을 선포하
고 고백하는 기도. 여러분, 이 네 가지가 성령님
의 충만을 받는 중요한 방법입니다. 이 네 가지
의 순서를 좇아서 이 시간에 다 같이 두 손을 들
고, 또 팔이 아프면 내리기도 하고, 하나님을 향
하여 오늘 이 시간 간절히 성령 충만을 선포하
고 외치는 기도를 드리며 하나님 앞에 나아가겠
습니다. 다 같이 통성으로 기도하겠습니다. 살
아계신 성령님 감사합니다. 찬양합니다……

밴드가 찬송 '약할 때 강함 되시네'를 연주하고 청중들 통성
기도를 시작한다. 사람들 틈에 서서 연단을 보던 신애, 연단
뒤쪽으로 걸어간다.

81. 천막 안 (내부/저녁)

무대 뒤에 설치된 천막 안. 행사에 필요한 여러 가지 기자재와 도구가 보이고, 한쪽에는 오디오 기계도 있다. 천막의 문이 열리고 신애가 안을 들여다본다. 아무도 없음을 확인하고 주위를 살핀 뒤 안으로 들어온다. 오디오 기계 앞으로 다가와서 기계를 살핀다. 그리고 가방 안에서 뭔가를 꺼낸다. 음반가게에서 훔쳤던 CD다. 오디오 플레이어를 열고 CD를 넣는다.

82. 공터 (외부/저녁)

연단 위에서 노목사가 중간기도를 하고 있다.

노목사	오, 아버지여. 성령의 능력 없이는 아무것도 할 수 없음을 인정합니다. 할렐루야! 오늘 이 자리에 온 한 영혼 한 영혼 가운데 기름 부어주옵소서.
청중들	아멘!
노목사	역사하시옵소서.
청중들	아멘!

갑자기 스피커가 혼선이 되는 듯한 잡음이 들린다. 노목사는

잠깐 당황하지만 설교를 계속한다.

노목사	말씀하시옵소서.
청중들	아멘!
노목사	치유하시옵소서.
청중들	아멘!

다시 스피커가 귀에 거슬리게 울린다. 그리고 갑자기 음악의 전주가 시작된다. 노목사는 당황하면서도 목소리를 높여 기도를 계속한다.

노목사	회복시켜주옵소서.
청중들	아멘!

그러나 목사의 설교는 스피커에서 울려 퍼지는 김추자의 '거짓말이야'란 노래에 묻힌다.

노래(E)	거짓말이야. 거짓말이야. 거짓말이야. 거짓말이야…….

당황하는 노목사, 놀라 쳐다보는 신도들. 진행 요원들이 무대 뒤쪽으로 달려간다. 일부 신도들은 놀라 쳐다보지만, 많은 신

도들은 기도에 열중하고 있다. 노목사도 기도를 계속한다. 그 위로 천연덕스럽게 울려 퍼지는 스피커의 음악 소리.

노래(E)　　사랑도 거짓말…… 웃음도 거짓말……. / 그렇게도 잊었나, 세월 따라 잊었나…….

우산을 쓴 채 소나무 숲을 걸어 나오는 신애. 그녀의 눈빛이 기묘하게 빛난다. 가끔 뒤를 힐끔거리기도 한다. 여전히 음악은 계속되고 있다. 문득 그녀의 걸음이 늦춰진다. 마치 속에서부터 뭔가 치밀어 오르는 듯 괴롭게 숨을 쉰다. 한 걸음씩 고통스럽게 걸어가면서, 그녀는 계속 숨을 쉬려고 애를 쓴다.

83. 신애 집 (내부/밤)

안방. 어둠 속에서 누워 있는 신애. 바깥에서 흘러들어온 외등 불빛이 희미하게 방 안의 윤곽을 드러내고 있다. 신애가 갑자기 눈을 뜬다. 뭔가에 놀란 듯한 표정. 자리에서 일어나 마루로 나간다. 전화기 가까이 다가간다. 마치 전화벨이 울리고 있기라도 하듯, 전화기를 보고 있는 그녀의 표정이 점점 두려움에 싸인다. 이윽고 수화기를 든다.

신애   ……여보세요? 예? 그게 무슨 소리예요? (공포
       에 질리는 표정. 마치 '씬 30'을 재연하는 것 같다.)
       ……우리 준이 좀 바꿔주세요. 우리 준이 목소
       리라도 듣게 해주세요…….

그 말을 해놓고 소스라쳐 놀란다. 뭔가 이상하다는 걸 느끼고
공포에 휩싸인다. 아까와는 다른 종류의 공포다. 그녀는 급하
게 수화기를 놓아버린다. 그 자리에 쪼그리고 앉은 채 몸을
떨고 있다.

84. 종찬 집 (내부/새벽)

종찬의 방. 풀 샷. 삼십 대 후반 노총각의 방답게 썰렁하면서
도 구지레해 보인다. 방 두 개가 장방형으로 연이어 붙어 있
고, 가운데 문짝을 떼어놓은 채 하나로 쓰고 있다. 카메라에
서 가까운 방에 행거형 옷걸이들이 있고, 옷들이 걸려 있다.
카메라 맞은편 안쪽 방 가운데에는 창문이 있어서 바깥 골목
의 빛이 새어 들어와 방 안의 윤곽을 드러낸다.
창문 아래쪽에서 종찬이 이불을 감은 채로 자고 있다. 머리맡
에는 TV가 켜져 있다. 핸드폰이 울리기 시작한다. 누운 채로
전화를 받는 종찬.

종찬	예……. 아이고, 신애 씨! (놀라 자리에서 일어난다.) 웬일이시라예? 이 시간에……. 예? 누가예? (웃으며) 그럴 리가 있습니꺼? 교도소에 있는 놈이 우예 밤에 전화를 해예? 신애 씨가 꿈꾼 거 아입니꺼? ……아이, 내 말은 그기 아이고……. 신애 씨, 진정하이시소. 진정하시고예…….

전화가 끊어진 모양이다. 종찬, 잠시 멍하니 앉아 있다가 방 안의 불을 켠다. 그리고 다시 전화를 건다.

종찬	신애 씨, 아까는 내가 잘못 말했고예……. 내가 알아보겠심더. 내일 당장 마산 교도소에 알아보고 경찰에도 알아보고 다 하께요. 예, 내일 확실히 알아보고 이야기해주께요, 내일……. 그라마 식사라도 같이 하시까예? 진짜 요리 잘하는 집, 내가 잘 아는 집이 있는데…… 기분 전환 한번 하시지예? 예, 그라입시다!

전화를 끊는다. 갑자기 기분이 좋아진 것 같다. 자리에서 일어나 건넌방으로 걸어간다. 팬티 바람에 상의는 번호도 선명한 조기축구회 유니폼을 입고 있다. 방 안을 몇 번 왔다 갔다 하더니, 갑자기 몸을 흔들며 짧은 춤을 춘다.

85. 주방 (내부/낮)

어느 음식점 주방으로 종찬이 들어선다. 한창 요리를 하고 있던 주방장이 돌아본다.

종찬   오늘 요리 잘해야 된다이. 주방장 솜씨 최고로
         함 보이도. 알았재?
주방장   지랄하네. 식당 주방에까지 들어와가…… 멜로
         드라마가 따로 없다.
종찬   내가 오늘 신경이 마이 쓰인다. 니도 이해를 해
         야지.
주방장   (종찬을 힐끗 쳐다보며) 암만 그래도 니는 인상이
         멜로 쪽은 아니거든. 코메디 쪽이지. 사람이 풍
         기는 이미지가 있는데…….
종찬   멜로 주인공 따로 있나? 코믹 멜로라는 것도 있
         다 아이가? (주방장이 고추를 써는 모습을 보다가,
         자기도 칼을 하나 주워 든다.) 나도 함 해보자.

두 사람은 나란히 서서 도마질을 한다. 종찬이 써는 모습은 아무래도 서툴다.

주방장   (종찬이 썬 고추를 보며) 버리라. 버리라, 버리. 빨

리 버리라…….

종찬   (결국 들고 있던 칼을 던져버리며) 칼이 잘못돼서
       그렇다. (핸드폰을 열어 시간을 본다.) 와 이래 시
       간이 안 가노? 전화 함 해보까?

종찬이 전화를 건다. 신호가 가는 모양이다. 종찬은 핸드폰을
주방장의 귀에 댄다.

종찬   이 음악 소리 언제 들어도 참 좋아. 음악 자체가
       수준이 있다 아이가?
주방장   수준 좋아하네. 골라서 쓰는 건데.
종찬   선곡하는 것도 수준 아이가? 니는 모른다.
주방장   정신 좀 차리라. 김사장.
종찬   안 받네.

86. 은혜약국 (내부/낮)

조제실 유리창을 통해 강장로가 뭔가 이상한 듯 바깥을 내다
본다. 약국 밖에서 신애가 약국 안을 보고 서 있다. 그 느낌이
좀 묘하다. 핸드폰 울리는 소리. 신애, 핸드폰을 열어보더니
곧 끊어버리고 약국 안으로 들어선다.

신애   장로님!

조제실 안에서 약사복을 입은 강장로가 나온다.

강장로   오랜만이시네, 이선생……. 교회 안 나오시이
                얼굴 보기도 힘드네요.

신애   집사님은 안 계시네요. 교회 가셨나?

강장로   아니, 장 보러 갔어요. 오늘 우리 집에서 철야
                기도회 하는 날이라서…….

신애   잘됐다. 나 장로님한테만 상담할 게 있어서 왔
                는데…….

그녀가 강장로 앞으로 바싹 다가온다. 판매대를 사이에 두고
강장로를 쳐다보며 부끄러운 듯 얼굴을 붉히고 웃는다.

신애   아이…… 어떡하지?

강장로   (좀 당황해서) 무슨 상담할라고?

신애   아이…… 창피해서 어떻게 말하지……? 내 몸이
                좀…… 이상해요. 가슴이 막 울렁울렁하고요…….

강장로   어데 체했나?

신애   그런 게 아니라니까요. 아이 참, 어떻게 설명해야
                되지? 있잖아요……. 내 몸이요……. (창피한 듯

수줍게 몸을 꼰다.) 이야기할려니까 너무 부끄러
워요……

잠시 두 사람은 말없이 쳐다보고 있다. 그녀가 한숨을 내쉰다.

신애   (속삭이듯) 장로님, 저 드라이브 좀 시켜주실래요?

87. 차 안 (외부/낮)

강장로가 차를 운전하고 있고, 옆자리에 신애가 앉아 있다. 운
전을 하는 강장로의 얼굴이 벌겋게 달아올라 있다. 이윽고 그가
시선을 아래쪽으로 보낸다. 그의 시선을 따라 카메라 틸트다운
하면 신애의 손이 그의 허벅지를 어루만지고 있다. 그녀는 강장
로를 빤히 보고 있다. 그는 몹시 당황해서 어찌할 바를 모른다.

88. 공터 (외부/낮)

국도변에 위치한 어느 한적한 공터. 강장로의 차가 들어와 선
다. 강장로가 신애를 껴안고 성급하게 입을 맞춘다. 아무래도
그는 이런 경험이 별로 없는 듯하다. 마치 오래 가두어둔 욕

망이 걷잡을 수 없이 솟구치듯 남자는 어찌할 바를 모르고, 여자의 입술을 탐닉하며 손으로 여자의 가슴을 더듬는다.

신애   (손으로 밀어내며) 잠깐만…….
강장로   (숨을 헐떡이며) 와아?
신애   우리 나가서 해요. 여기 너무 불편해. 답답하고.

신애를 쳐다보는 강장로. 차 문을 열고 그가 먼저 내린다. 그는 약간 불안한 표정으로 주위를 둘러본다. 그리고 트렁크로 가서 깔개를 꺼내 나무 밑 평평한 곳을 골라 깐다. 신애가 다가와서 남자를 등 뒤에서부터 끌어안는다.

신애   나오니까 좋잖아요……. 그죠?

그녀는 남자의 등에 얼굴을 붙이고 두 손으로 남자의 가슴을 어루만진다. 그 행동이 남자를 당황하고 얼떨떨하게 만들지만, 분명 흥분시키고 있다. 그녀의 손이 아래로 내려간다.

신애   해요, 빨리…….

신애가 먼저 펼쳐진 깔개에 눕는다. 카메라, 그녀의 움직임을 따라 틸트다운 하면서 거꾸로 된 여자의 얼굴을 클로즈업

으로 보여준다. 번쩍거리는 은박 깔개 위에서 그녀는 하늘을
똑바로 응시하고 있다. 남자의 머리가 화면 안으로 들어온다.
남자는 아직도 주저주저하며 뭘 어떻게 해야 하는지 모르는
듯하다. 신애가 와락 남자의 얼굴을 자신의 가슴에 끌어당긴
다. 그제야 남자는 신애의 가슴을 헤치고 입술을 가져간다.
그녀는 몸을 뒤틀며 흥분에 들뜬 숨소리를 연기하고, 그것이
남자의 욕정을 재촉한다. 남자의 입술은 정신없이 여자의 가
슴을 더듬는다. 그동안 신애는 여전히 하늘을 응시하고 있다.

신애   (마치 은밀한 농담이라도 하듯, 입 모양으로만) 보여?

웃음인지 울음인지 그녀의 입 주변이 바람에 문풍지가 떨 듯
여리게 떨린다.

신애   (다시 또박또박 끊어서 입 모양으로만) 잘, 보, 이,
              냐, 구……

아무래도 상대방이 제대로 알아듣지 못한 것 같은지 비로소
입 밖으로 말을 내뱉는다.

신애   잘, 보, 이, 냐, 구……!

문득 남자의 움직임이 멈춘다. 신애가 남자를 내려다본다. 남자는 그 자세로 꼼짝 않고 있다.

신애   왜요?
강장로   (고개를 쳐들어 신애를 보며) 내가 지금 잘못하고
             있는 거지요? 이라마 안 되는데…….
신애   (장로의 얼굴을 끌어당기며) 괜찮아요…….
강장로   (신애의 손을 떼어내며) 안 돼요. 이라지 맙시다!
             우리 지금 해서는 안 될 짓을 하고 있어요.

그는 신애의 가슴을 여며준다. 그의 손이 덜덜 떨리고 있다.

강장로   내가…… 내가 잘못했심다, 이선생. 내가 너무
             큰 잘못을 했어요……. 일어납시다. 하나님이
             보고 계신데…….

그는 신애 앞에 거의 무릎을 꿇고 있다. 신애는 그대로 누운 채 남자를 본다. 그리고 하늘을 쳐다본다. 신애가 하늘을 노려보더니 갑자기 퉤, 침을 뱉는다. 그녀의 표정이 점점 사나워지며 증오와 적의에 가득 차 다시 침을 뱉는다. 그러나 남자는 신애의 행동을 의식하지 못하는 듯 신애 앞에서 무릎을 꿇은 채 울먹이고 있다.

강장로   일어납시다, 이선생……. 내가 잘못했어요…….

머리 위 숲에서 새소리가 수다스럽게 흩어진다.

89. 음식점 (내부/저녁)

주방 안에서 주방장이 홀 쪽을 내다본다.

주방장   (장난스럽게) 김사장! 우예 됐노? 아직 소식 없나?

다른 요리사도 함께 내다보며 웃는다.

주방장   요리 솜씨 함 보이달라매? 언제 보이주꼬?

주방 앞 홀에 있는 테이블에 종찬이 혼자 앉아 있다. 주위의 테이블에서는 사람들이 즐겁게 식사를 하고 있다. 그 모습을 보고 있던 종찬이 자리에서 일어나 문 쪽으로 걸어간다. 카운터에 있던 여자 종업원이 인사한다.

종업원   김사장님, 가시예?

대꾸도 않고 음식점을 나가는 종찬.

90. 카센터 사무실 (내부/밤)

종찬이 혼자 앉아 누군가와 통화를 하고 있다. 혼자 식사를 하고 있던 중인지 신문지가 깔린 탁자 위에는 찌개 냄비와 음식 그릇이 있다. 술도 한 병 놓여 있다.

종찬   내가 그래 잘못했습니꺼? ……아이모, 와 항상 그래 말하는데예? 내가 얼매나 잘못하고 살았으면, 식구들이 항상 그래 나를 바라보냐고? 내가 그래 못나게 보이능가? (상대의 말을 듣다가 버럭 화를 내며) 엄마는 엄마 기분만 생각하고 내가 어떻다는 거 한 번도 생각 안 하나? 오늘 내 생일날이라고 신경 써주는 거는 고맙지마는, 내 기분도 생각을 해줘야지. ……묵었어예, 묵었어! 생일날이라고, 어 뭐꼬, (앞에 있는 찌개를 보며) 오징어 두루치기도 묵고, 소주도 한잔하고, 친구들하고…… (문 열리는 소리. 문 쪽을 쳐다본다. 누가 들어오는 듯.) 친구들 마이 있어요, 내 옆에 지금……. (신애가 그의 앞에 앉는다.) 그래 알고…… 통화 고만하입시더. (전화를 끊는다.)

신애   (말없이 종찬을 쳐다보다가) 오늘…… 김집사님
         댁에서 이신애를 위한 기도회가 있다는데…….
         안 가셨네요.

종찬   (왠지 신애의 표정과 눈빛이 이상하다는 것을 느낀
         다.) 예? 나는 거 뭐꼬, 아직 철야기도 뭐 그런
         기 좀 적응이 안 돼가……. 그라고 오늘 신애 씨
         하고 저녁 약속이 있었다 아입니꺼.

신애   (사이) 다른 사람 좀 만났어요.

종찬   ……그랬어예?

신애   만나서 그거 했어요.

종찬   뭐를요?

신애   (장난스럽게 두 팔로 뭔가 운동하는 것 같은 동작을
         취한다.) 섹스.

종찬   …….

신애   (사이. 문득 경상도 말을 흉내 내며) 하고 싶은교?

종찬이 쳐다보자, 신애가 다시 섹스하는 동작을 해 보인다.
당황하는 종찬. 그녀가 킬킬거리며 웃는다.

신애   그냥 물어봤어예. 혹시 원하는가 해서…….

종찬의 얼굴이 붉어진다. 그러나 그녀는 여전히 종찬의 얼굴에서 시선을 떼지 않고 작은 소리로 노래를 흥얼거리기 시작한다. 나미의 '빙글빙글'이다.

신애   그저…… 바라만 보고 있지. 그저 눈치만 보고
         있지이……. 늘 속삭이면서도 사랑한다는 그 말
         을 못 해…….
종찬   신애 씨.
신애   (장난스럽게 노래를 계속한다.) 그저 바라만 보고
         있지. 그저 속만 태우고 있지. 늘 가깝지도 않고
         멀지도 않은 우리 두 사람…….
종찬   신애 씨! 와 이래요? 와? 제발 정신 좀 차려요!

종찬의 말에 신애가 낄낄대며 웃음을 터트린다. 종찬이 더 이상 참지 못하고 자리에서 벌떡 일어난다. 속에서부터 터져 나오는 알 수 없는 분노를 어쩌지 못하고 사무실의 기물들을 발로 차고 집어 던지기 시작한다. 짐승처럼 웩웩 소리도 지른다. 그러다가 고개를 돌려보면, 신애가 사무실 한쪽 구석에서 몸을 웅크린 채 겁에 질린 눈으로 쳐다보고 있다. 그제야 종찬은 감정을 억제하고 그녀에게 다가간다.

종찬   신애 씨……. 가입시다. 집에 가입시다. 내가 델

따 줄게요…….

그러나 그녀는 어린애처럼 겁에 질려 떨고만 있다. 종찬이 그녀의 팔을 잡자, 갑자기 비명을 지르기 시작한다.

종찬   신애 씨, 미안해요. 내가 잘못했어예…….

그녀는 뒷걸음치면서 그에게서 벗어나려 한다. 종찬이 그녀를 진정시키려 붙들려 하자 공포에 질린 짐승처럼 계속 비명을 지르며 도망친다. 마침내 그녀는 출입구 쪽으로 달아나 문을 열고 뛰쳐나간다. 종찬이 따라 나가서 멀어져가는 그녀의 뒷모습을 보고 있다.

종찬   아이, 씨바…….

91. 도로 (외부/밤)

어두운 밤거리의 차도 한쪽을 걸어가는 신애의 뒷모습을 카메라가 따라간다. 뭔가 쉴 새 없이 중얼거리는 소리가 들린다. 마치 누군가와 대화를 나누듯. 그러나 그 대화의 내용은 분명하게 알아듣기 힘들다.

신애   ······열두 살 먹었을 때······ 열두 살이면 다 컸
          잖아? 그거······ 분홍색 타이즈······ 그거 때메
          운다고 욕실에 가둬놓고 벌 줬잖아······ 자기는
          집에서 담배 막 피우면서······ 숟가락으로 머리
          때리고······ 웃기네. 이제 와서 버클리 음대는
          왜 갈라냐고? 그때 내가 갈려고 했는데 당신이
          못 가게 했잖아! 씨발놈······ 이기주의자, 색골!

얼핏 들으면 자기 아버지와의 대화 같기도 하고, 남편에게 하
는 이야기 같기도 하고 둘 다 아닌 것 같기도 하다. 전체적으
로 맥락도 조리도 없는 이야기다. 갑자기 그녀가 걸음을 멈춘
다. 그리고 고개를 젖히고 하늘을 쳐다본다.

신애   (하늘을 향해) 난 너한테 안 져! 절대 안 져!

다시 걷기 시작한다. 횡단보도를 대각선으로 건너서 멀어져
가는 그녀의 뒷모습.

92. 아파트 주차장 (외부/밤)

밤늦은 시간의 아파트 단지 입구. 신애가 걸어 들어온다. 일

층에 있는 어느 집 앞으로 다가온다. 거실 창을 보고 있는 신애의 뒷모습 너머 불이 환하게 켜진 거실에 사람들이 모여 앉아 있다. 어둠 속에 서서 그들을 보고 있는 신애.

93. 아파트 (내부/밤)

은혜약국 부부가 사는 아파트. 거실에 교인 십여 명이 둘러앉아 철야기도 모임을 갖고 있다. 김집사가 기도를 인도하고 있다.

김집사   원래는 우리 장로님이 (곁에 앉은 강장로를 돌아보며) 기도 인도를 하셔야 되는데, 웬일로 오늘 밤은 저보고 하라고 하시네요. 인제사 마누라 능력을 인정하시는가……. (사람들이 웃는다.) 오늘은 특별히, 다 아시겠지만 이신애 자매님…… 참 큰 고통과 신앙의 시련을 겪고 있는 우리 이신애 자매님을 위해 기도하는 자립니다. 그동안 너무 큰 고통과 불행을 당하다 보이께네 잠시 하나님을 원망하고 하나님한테 등을 돌리고 있지마는, 우리가 마음을 모아 간구하면 하나님 품 안에 다시 안기게 되리라꼬 믿습니다. ("아멘!" 하는 사람들의 소리.) 하나님의 크나큰

사랑으로 이신애 자매의 영혼이 구원받고 치유
받을 수 있도록 각자 마음을 모아서 믿고, 감사
하면서 기도하겠습니다.

각자 머리 숙여 기도하기 시작한다. 기도가 계속되는 동안 카
메라는 기도하는 신도들의 모습을 소개한다. 어떤 이들은 묵
언으로 기도하고 어떤 이들은 작은 소리를 읊조리며 기도한
다. 이윽고 김집사가 대표 기도를 시작한다.

김집사   하나님 아버지, 감사합니다. 오늘도 이렇게 하
          나님 아버지 앞에 함께 모여서 예배할 수 있는
          자리를 허락해주셔서 감사합니다. 아버지 하나
          님, 오늘은 특별히 우리 이웃에 고통받고 시험
          에 들어 있는 불쌍한 영혼을 위해 이 자리에 모
          였습니다. 저희가······.

갑자기 요란한 파열음이 들린다. 여자들이 놀라 비명을 지른다.
기도가 중단되고 사람들이 충격 속에 서로의 얼굴을 쳐다본다.

강장로   이기····· 무슨 소리고?
박명숙   (떨리는 소리로) 누가 돌을 던진 모양이네예.

강장로가 베란다 쪽 거실 유리문을 연다. 바깥 베란다의 유리
창이 박살 나 있다.

김집사   예? 조심하이소.

그러면서도 그녀는 남편을 따라 베란다로 나간다. 다른 사람
들도 내다본다. 그러나 깨진 유리창 너머 어두운 주차장에는
아무도 보이지 않는다.

94. 신애 집 (내부/밤)

마당에서 보는 어두운 신애의 집. 준의 방만 불이 켜져 있고,
열린 방문에서 흘러나온 빛이 마루에 드리워져 있다. 준의 방
에 앉아 있는 신애. 사이. 갑자기 자리에서 일어나 거실의 불
을 켠다. 부엌과 안방의 불도 켜고 화장실의 불도 켠다. 피아
노 학원의 불까지 켠다. 온 집 안의 불을 환하게 밝히고 나서
소파 앞 바닥에 앉는다. 탁자에는 과일 접시에 사과 두어 개
가 놓여 있고, 그중에는 깎다 만 사과도 하나 있다. 갑자기 시
장기라도 느낀 것처럼 그녀는 과도를 들어 깎다 만 사과를 베
어 먹는다.
사과를 사각사각 씹는 그녀의 얼굴로 카메라가 느리게 다가

간다. 허공을 바라보는 두 눈의 동공에 물기가 맺힌다. 한순간 그녀의 몸이 굳어진다. 고통을 참는 듯 얼굴에 경련이 스쳐간다. 그러나 그녀는 입술을 실룩거리며 억지로 웃음 짓는다.

신애　　　（여전히 허공을 보며 속삭이듯）……봐? 보여?

허공을 향한 그녀의 시선이 차츰 떨리기 시작한다. 마침내 그녀는 고개를 숙여 아래를 내려다본다. 사이. 그녀가 천천히 자리에서 일어난다. 핏방울이 바닥에 떨어진다. 칼로 베어진 그녀의 가는 손목에서 피가 흘러나와 잠옷을 적시고 마룻바닥 위로 떨어지고 있다. 그녀가 비틀거리며 피아노 학원으로 나가고, 카메라가 그녀의 뒤를 따라간다. 핏방울이 계속 떨어지고 있다. 그녀는 정신없이 피아노 학원 문을 열고 나간다. 어두운 거리에 서서 그녀는 신음처럼 소리를 내뱉는다.

신애　　　살려주세요. 살려주세요…….

길 건너에서 지나가는 사람들이 그녀를 본다. 지나가던 차 한 대가 멈추고 운전자가 내려서 다가온다. 그녀는 피에 젖은 손을 쳐든 채 어린애처럼 계속 흐느끼고 있다.

신애　　　살려주세요! 제발…… 살려주세요……!

95. 차 안 (외부/낮)

F.I. 되면, 몇 개월 후. 달리는 차의 조수석에 놓인 꽃다발 위로 햇빛이 빠르게 스친다. 차창 밖으로는 밀양의 고만고만한 풍경이 흐르고 있다. 창밖을 말없이 보고 있는 민기.

종찬   저, 저 오른쪽에 보이는 기 영남룹니더. 우리나라 삼대 누각 중 하나 아입니꺼. 삼대 누각이 하나는 영남루고, 하나는 진주 촉석루고, 또 하나는…… 뭐라 카더라?

민기   (말없이 창밖을 보다가) 밀양은 어떤 곳이에요?

종찬   (백미러로 민기를 쳐다보며 웃는다.) 밀양이 어떤 곳이냐꼬예?

민기   왜 웃으세요?

종찬   내가 신애 씨 처음 만났을 때, 신애 씨가 여 밀양에 처음 오던 날, 신애 씨도 나한테 똑같이 물었거든예.

민기   …….

종찬   밀양이 어떤 곳이냐? 뭐라 카겠노…… 똑같아예. 딴 데하고……. 사람 사는 데 다 똑같지예.

민기는 말없이 운전하고 있는 종찬의 뒷모습을 본다. 운전대

위 백미러에는 십자가 장식이 걸려 있다.

민기   요새도 교회 나가세요?
종찬   예. (다시 변명하듯) 처음에는 신애 씨 때문에 다
            니게 됐는데, 인제 버릇이 돼가 그냥 다닙니다.
            그냥……. 안 나가믄 섭섭하고, 나가믄 마음이
            쪼매 편안하고…… 그렇데예.
민기   …….

96. 정신병원 (내부/낮)

정신병원의 면회객 대기실. 소파에 앉아서 기다리던 종찬과
민기가 일어선다. 병동 쪽에서 여자 의사와 간호사가 신애를
데리고 나온다. 신애는 종찬이 가지고 간 새 옷으로 갈아입었
다. 한눈에도 너무나 변한 모습이다. 살이 찐 건지 부은 건지
얼굴은 부석부석하고 무엇보다 눈에 띄게 기가 빠져 보인다.
두 사람 신애에게 다가간다.

의사   (두 사람에게) 옷 잘 맞죠? 얼마나 이뻐요?
종찬   어제 마산 나가가 백화점에서 대충 눈짐작으로
            샀는데, 맞아서 다행이네예.

간호사   (마치 어린아이에게 하듯) 좋겠다! 이신애 씨. 좋
          은 옷도 입고 집에 가고…….

신애의 표정에는 반응이 없다. 그녀는 말없이 두 사람을 본다.

민기   (종찬을 돌아보며) 꽃, 안 주세요?

종찬이 그제야 약간 어색한 듯 등 뒤에 숨기고 있던 꽃다발을
신애에게 내민다.

간호사   (호들갑스럽게) 어머, 예쁘다!

그러나 신애는 선뜻 받지 못하고 종찬을 쳐다본다.

종찬   퇴원 축하합니다, 신애 씨…….

신애가 꽃을 받아들고 사람들과 함께 출입구 쪽으로 걸어간다.

97. 밀양역 (외부/낮)

밀양역 앞 도로에 종찬의 차가 도착하고, 민기가 차에서 내린다.

민기	미안해, 누나. 올라갔다가 며칠 내로 다시 내려올게.

신애는 말없이 고개만 끄덕인다. 몇 걸음 가다가 돌아서서 민기는 신애를 향해 손을 흔든다. 종찬이 대신 손을 흔들어준다.

신애	뭐 해요? 안 가고.
종찬	예? 가야지예.

차가 출발한다. 운전을 하면서 종찬은 말없이 차창 밖을 보고 있는 신애의 얼굴을 백미러로 힐끔힐끔 본다.

종찬	신애 씨, 오늘 좋은 데 가가 식사하입시더. 오래간만에. 내가 좋은 데 예약해놨거든예.
신애	(사이) ……어디 미용실에 가서 머리부터 좀 다듬을래요.
종찬	그라까예? 그라입시더. 머리도 하고, 화장도 하고, 이쁘게 해야지예. 집에 들어가기 전에……. 그지예?

종찬은 백미러로 신애를 본다. 그러나 그녀는 여전히 무표정하다.

밀양 각본집

98. 미용실 (내부/낮)

그리 크지 않은 평범한 동네 미용실. 신애와 종찬이 들어선다. 머리를 하고 있는 손님은 한 명뿐, 한산하다.

미용사	어서 오세요. 예, 앉으세요.
종찬	마이 기다려야 되능교?
미용사	아니 지금 바로 할 수 있어요. 어떻게 하실 건데? 파마하실 거라예?

종찬이 어떻게 할 거냐는 표정으로 신애를 쳐다본다.

신애	그냥 좀 자르기만 할 거예요.
미용사	그라마 지금 바로 할 수 있어요. 앉으세요. (안쪽을 향해 소리친다.) 야, 뭔 밥을 그래 오래 먹노? 얼릉 나온나!

칸막이 너머에서 어려 보이는 종업원이 나온다.

미용사	(종업원을 가리키며) 캇트는 자가 잘해요. 센스가 나보다 나아요.

신애는 거울을 통해 자신의 뒤로 다가오는 종업원이 박도섭의 딸 정아임을 알아본다. 정아도 신애의 얼굴을 알아보고 놀라지만, 내색하지 않는다.

정아   얼마나 자르실 건데요?
신애   (말없이 거울을 통해 정아의 얼굴을 보고 있다가)
         그냥……. 적당하게…….
정아   적당하게 보기 좋게요?
종찬   (뒤에 앉아 있다가 큰 소리로 대신 대답한다.) 그래,
         적당하게, 보기 좋게!

한 손에 가위를 든 채 신애의 머리칼을 빗기 시작하는 정아의 손. 그녀에게 머리를 맡긴 채 신애는 말없이 앉아 있다.

정아   (가위를 머리칼에 대고 거울 속 신애의 얼굴을 보며)
         요 정도로 자르면 예쁠 거예요.
신애   …….

가위질을 시작하는 정아의 손. 빗질을 계속하는 손길이 부드럽다. 신애는 자신의 머리칼에 와 닿는 정아의 손길을 느끼고 있다. 잠시 가위질 소리만 계속된다.

정아	(작은 소리로) ……안녕하세요?
신애	……. (거울을 통해 가위질하는 정아의 얼굴을 말없이 쳐다보고만 있다가) 미용 기술은 언제 배웠어?
정아	……소년원에서요.
신애	소년원은 왜 갔어?
정아	그냥…… 사고 쳤어요.
신애	학교는?
정아	학교 때려치았어요. (농담하듯 웃는다.) 체질에 안 맞아서요.

대화는 끝어지고 가위질은 계속된다. 여전히 정아의 손은 그녀의 머리칼을 부드럽게 빗질하며 정성스레 가위질한다. 신애가 눈을 감는다. 사이. 갑자기 벌떡 자리에서 일어나는 신애. 어깨에 둘러진 가운을 벗어 던진다.

| 미용사 | (놀라 쳐다본다.) 와, 와 그래예? |

대답 없이 도망치듯 미용실을 뛰쳐나가는 신애.

99. 미용실 밖 (외부/낮)

종찬이 그녀의 뒤를 쫓아 미용실을 나오며 소리친다.

종찬   신애 씨!

그러나 신애는 뒤도 돌아보지 않고 정신없이 걸어가고 있다.
종찬이 그녀를 따라간다.

종찬   신애 씨!

신애가 걸음을 멈추고 종찬을 돌아본다. 그리고 다가오는 그
에게 따지듯 묻는다.

신애   왜 날 그 집에 데려갔어요?
종찬   머리 자르고 싶다고 안 했십니꺼? 머리할라면
             미장원에 가야지예.
신애   그런데 왜 하필 그 집이냐고요? 왜 하필 오늘,
             하필 그 집이냐고요?

종찬은 말이 막힌다. 신애는 문득 고개를 들어 하늘을 쳐다본
다. 말없이 하늘을 보고 있는 그녀의 얼굴은 마치 뭔가를 질

문하는 듯한 표정이다. 종찬도 함께 하늘을 쳐다본다. 이윽고 신애가 혼자 걸어가기 시작한다. 종찬이 걸어가는 그녀의 뒷모습을 보고 서 있다.

100. 거리 (외부/낮)

거리를 걷는 신애. 낯익은 거리의 풍경, 사람들의 모습은 여전하다. 양장점의 문이 열리고 양장점 주인이 신애를 부른다.

양장점 주인   준 피아노!

신애가 걸음을 멈추고 돌아본다.

양장점 주인   병원에서 언제 나왔노?
신애   ……오늘 나왔어요.
양장점 주인   그래? 살 찐 것 같네. 병원에서 잘 묵고 편하게
              지냈는 모양이네.

신애가 말없이 웃는다.

양장점 주인   봐라. 뭐 달라진 거 없나? (손으로 가게를 가리킨

다.) 보이재? 내가 자기 말대로 인테리어를 고
쳤시. 어때? 괜찮지? 하도 징사가 안되이, 눈 딱
감고 밝은 색으로 확 바꿔뿌린 기라. 그런데 매
상이 정말로 나아지데!

신애 　　　　그래요? 다행이네요.

양장점 주인 　내 언제 한턱 쏘께. (그녀는 신애의 자르다 만 머리
를 이상한 듯 쳐다본다.) 그런데 머리는 와 그러노?

신애 　　　　(머리를 만지며) 미용실에 머리하러 갔다가…….
마음에 안 들어서 자르다가 그냥 나와버렸어요.

양장점 주인 　미쳤는갑다! 마음에 안 든다고 자르다 말고 그
냥 나오나?

말을 해놓고 나서, 그녀는 자신이 실수한 걸 깨닫고 미안한
듯 웃는다. 신애도 함께 웃는다. 두 사람은 서로 마주보며 낄
낄대며 웃는다.

101. 신애 집 (외부/낮)

마루의 유리문을 열어놓고 신애가 마루 끝에 앉아 있다. 오랜
만에 돌아온 집이지만, 별 감회가 없는 듯한 표정으로 좁고
을씨년스런 마당을 보고 있다. 이윽고 자리에서 일어나 안으

로 들어가는 그녀. 사이. 손에 가위와 거울을 들고 다시 나온
다. 좁은 마당에 의자를 내놓고 가위를 들고 앉는다. 그리고
낡은 신발장 위에 거울을 세워두고 혼자서 머리를 자르기 시
작한다.

종찬이 들어선다. 그는 잠시 그녀의 모습을 지켜보다가 천천
히 다가온다.

종찬   내가 들어줘도 되겠지예?

그가 그녀의 앞에 놓인 거울을 들고 선다. 신애는 그를 힐끗
한번 쳐다보고는 말없이 그가 들고 있는 거울에 얼굴을 비춰
보며 계속 머리를 자른다. 혼자서 하는 가위질이지만, 그런대
로 머리가 다듬어지는 것 같다. 잘린 머리카락들이 신애의 옷
위로 떨어지다가 바람에 날려가기 시작한다.

카메라, 바람에 날려 흩어지는 머리카락들을 천천히 따라가
면, 마당 한쪽의 깨진 시멘트 바닥에 고인 빗물이 보인다. 주
위에는 지저분한 낙엽 같은 것들이 떨어져 있다. 기울어진 햇
빛이 엷게 반짝이는 수면 위로 머리카락들이 바람에 여리게
흩날린다. 카메라는 거기에 오래 머물러 있다.

작가 노트 × 콘티

"신과 대결하는 한 여자의 이야기"

1밀양 密陽 Secret Sunshine

별 것 없고 누추하고 세속적인 듯,
다를 데하고 똑같은 듯.
그러나 햇볕이 좋은 듯.

이영신가
아직은 어디로 향하는지 모른다.
2004. 11. 7.

밀양 각본집

밀양 密陽 *Secret Sunshine*

별것 없고 누추하고 세속적인 곳,
다른 데하고 똑같은 곳.
그러나 햇볕이 좋은 곳.

아직은 이 영화가 어디로 향할지 모른다.

2004. 11. 7.

내 책은 두 부분으로 이루어졌다. 이 책에 씌어진 부분과 씌어지지
않은 부분이 그것이다. 그리고 정말로 중요한 부분은 바로 이 두번째
부분이다······ 우리는 말할 수 없는 것에 대해서는 침묵해야한다.

―― 비트겐쉬타인

래밍기에 긁겨나는 라라이는 ~~랭기~~ 랭기를 용이한다.

―― 블레이크 〈지옥의 잠언들〉

神에 대항하는 여러가지 이야기.

그것은 서서히 비켜간다.

눈에 보이는 것과 보이지 않는 것.

믿음과 의혹.

2005. 4. 그

내 책은 두 부분으로 이루어졌다.

이 책에 씌어진 부분과 씌어지지 않은 부분이 그것이다.

그리고 정말 중요한 부분은 바로 이 두 번째 부분이다.

······우리는 말할 수 없는 것에 대해서는 침묵해야 한다.

― 비트겐슈타인

쟁기에 끌겨나간 지렁이는 쟁기를 용서한다.

― 블레이크, 〈지옥의 잠언들〉

神과 대결하는 한 여자의 이야기.

그녀는 서서히 미쳐간다.

눈에 보이는 것과 보이지 않는 것.

믿음과 광기.

2005. 4. 21.

두 사냥의 대비!

눈에 보이는 것과 보이지 않는 것.

의미와 무의미.

성(聖)과 속(俗).

울먹이는 울음을 참지 못해서 바위 ~~숨이~~ 숨이 막힌 듯
꺼이꺼이 흐느끼는 여자. 숨을 제대로 쉬기 위해 두 손을
무릎에 대고 몸을 구부리고 앉다.
— <헨젤 P/11>에서 의사당 속에서 울음을
터뜨리는 이창로로 리사라의 어머니.

슬픔과 고통을 풀어낼 수 있는곳?

→ 영화가 고통을 전달하는 방식은?

두 人物의 對比!
눈에 보이는 것과 보이지 않는 것.
의미와 무의미. 성(聖)과 속(俗).

북받치는 울음을 참지 못하며
마치 숨이 막힌 듯 꺼이꺼이 흐느끼는 여자.
숨을 제대로 쉬기 위해 두 손을 무릎에 대고 몸을 구부리고 있다.
— '화씨 9/11'에서 의사당 앞에서 울음을 떠뜨리는
이라크전 전사자의 어머니.

슬픔과 고통을 쏟아낼 수 있는 곳?
→ 영화가 고통을 전달하는 방식은?

작가 노트×콘티

어느 한적한 국도. 그랑쏘 라 옆에서 <ins>2차오</ins> <ins>가면더에</ins> 흐릿하게 있는 여라.
라 안에는 익숙한 굿트터, 리희르 떨해 하는 아이가 있다. 일위슬는
아미 앉아리르는 앳되 보이는 여라. 문득에 이름독인 민숭,
하리히도 없고, 랑취리여항으로 못은 두거리 있다.
(그녀는 물든에도 타리눌 별로 하지 않는다. 하리슬은 홀로아희에눈
라리슬이 너무 강하다.)

┌─────────────────────────────────┐
│ 하 안에서 여기가 리라 밧는 하늘. │
└─────────────────────────────────┘

어느 한적한 2차선 국도.

고장난 차 옆에서 카센터에 전화하고 있는 여자.

차 안에는 일곱 살 정도의, 지치고 따분해하는 아이가 있다.

일곱 살 난 아이 엄마치고는 앳돼 보이는 여자. 묘하게 이중적인

인상. 화장기도 없고, 장거리 여행으로 옷은 구겨져 있다.

(그녀는 평소에도 화장을 별로 하지 않는다.

화장을 좋아하기에는 자존심이 너무 강하다.)

"누추한 日常의 끔찍스러울 정도의 再現!"

Cinemascope.
넓은 화면에 담기는 별것 아닌 일상.

"여기에 뭐가 있어요? 아무 것도 없어요! 그냥 햇볕이어요, 햇볕!"

"神과 싸운다는 것! 그 구체적 행동은 무엇인가?"

도망가는 아이를 쫓아가는 엄마. 엄마 눈에 눈물이 맺다.
가기 싫어하는 아이를 억지로 웅변학원으로 보낸다.

여자와 택시를 같이 타려는 노라. 여자는 억지로
잊어버리려 하고, 노라는 빌려가려 안달이다.
"같이 가입시다... 같이..."
그래서 노라가 힘을 다해 밀어내는 여자. 노라는 결국
밀려나고 만다.
↓ 억지에서 짜내고

"神과 싸운다는 것! 그 구체적 행동은 무엇인가?"

밀양 각본집

"여기에 뭐가 있어요? 아무것도 없어요!
그냥 햇볕이에요, 햇볕!"

S#1

C#1   시야 Cut (약간 영화. 구의 시점).

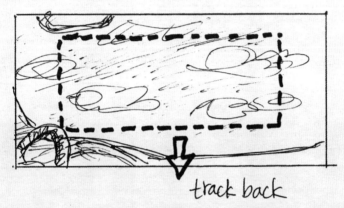

track back

F.I.
구름이 흩어진 푸른 하늘. 멀리긴 차창 너머로
보이는 하늘의 느낌. Camera e라 정리되어 있다가
(Version1: 1분30초, Version2: 30초)
눈에 띄지 않게 흐흐히 물러나면, 누군가의 시선으로
차안에서 어가보는 하늘. (tracking 후도 15~20초?)

Scene#1 ; Camera#1

C#2 클 단독 (B.S. 정도.)

승용차 라면 운전장으로 보이는 클 단독.
약는 부감

떨떨해 하고 약는 지친 얼굴. 그리고
구름이 흩어진 푸른 하늘이 반사되어 있다.
아이는 약는 뭔가 난 것처럼 놀록 적막한
하늘을 올려다 보고 있다.
차 안은 어둡고 차창 밖면은 밝다. 그러나
클의 얼굴 부분은 어둠 속에서 자연스럽게
드러나 보인다. (약 30초).

S#1 ; C#2

작가 노트×콘티

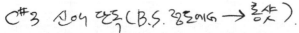

C#3 신애 단독 (B.S. 좌측에서 → 롱샷).

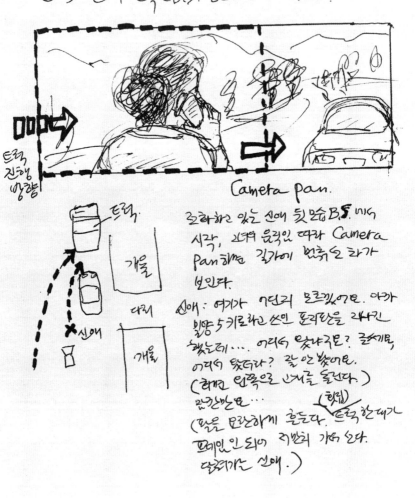

트럭 진행 방향

트럭.
개울
다리
개울
신애

Camera pan.

조확하고 있는 신애 뒷모습 B.S. 에서 시작, 고개 움직임 따라 Camera Pan하며 길가에 멈추어 타가 보인다.

신애 : 여기가 어딘지 모르겠어요. 아까 밀양 5키로라고 쓰인 도로티를 지나긴 했는데…. 여기서 왔나구요? 글쎄요, 여기서 왔나? 잘 모르겠어요. (핸들 안쪽으로 시계를 올린다.) 괜찮아요… (헷웃)
(팔을 무안하게 흔든다. 트럭 한대가 프레임 안의 차를 지나쳐 가고 있다. 달려가는 신애.)

S#1 ; C#3

C#4. 신애, 트럭기사 2shot. 버스트.

흔들리는
트럭기사 측면 B.S.
리차텀가며
신애 정면 B.S.

C#4
Camera

C#5
Camera
신애

핫점즉인.

트럭기사 (핫점즉인):
여,여가 여리고가나, 밀양로
항로도 빠라가 20번도로
타다가 다 58번카로 빠나느즤
안 있십메께. 거서 한 1km나
뒤깄게예. 예, 차가 비상
껨벡이 키고 잇으니까네…
괜찬 됩니다.
(통화끝내고 신애에게 호타기주막)

신애: 감사합니다.

출발하는 트럭.

C#5. C#4의 reverse.

C#5. ~~C#4~~ C#4의 reverse → 신애 단독 → 롱샷.
전화를 끊고 곳에게 걸어가는 신애.

←◯◯ 신애 따라
Camera pan.

◯◯◯▷ 트럭
떠나면
out

(출발하는 트럭을 보게 통화하다)
신애 : 위의 아웃이요? 빨리 타 죽이요···
(전화를 끊고 차쪽으로 걸어간다.)
쿵!
걸어가는 신애의 뒷모습. longshot.까지.

Camera
pan
→

S#1 ; C#5

밀양 각본집

C#6 신애 단독에서 줄, 신애 two shot 까지.

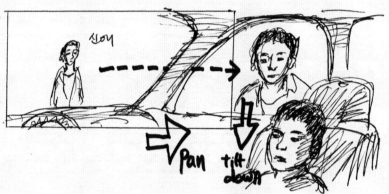

신애

Pan   tilt down

차 안에서 보이는 신애 단독.
차를 향해 다가오다. Camera, 그녀의 움직임 따라 Pan.
차창을 두드리는 신애의 얼굴.
신애: 줄! 차 안에만 있지 말고 내려서 놀든 줄이
      좀 쉬!
Camera, tilt down 하면 줄 frame in 해서
two shot.
먼지 신통이 나 갔거나 깜짝는 않는 줄. 차문을 열고
아이를 안아 내리는 신애.

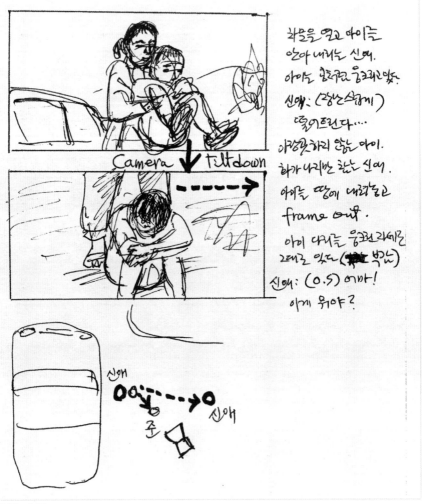

C#7 신애, 준 two shot (W.S.정도) → 준 one shot.

차문을 열고 아이를
안아 내리는 신애.
아이는 온전히 늘어져있음.
신애: (갈은소리로)
떨어트린다....
야형?하려 하는 아이.
화가 나기만 하는 신애.
아이를 땅에 내려놓고
frame out.
아이 다리는 웅크린채로
그대로 있다 (박는)
신애: (0.5) 야마!
이게 뭐야?

Camera ↓ tilt down

S#1 ; C#7

밀양 각본집

C#8   즐, 신애 two shot → 즐 one shot
long shot에 가까운 full shot.

frame out.

신애 : 엄마! 이게 뭐야?
준, 듣은 척도 않는다. 신애 르른쪽으로 frame out.
홀로 남은 준. 그 자리 그대로 웅크리고 있다가
갑자기 선크 땅에 드러눕는다.

C#9 신애 one shot ⟶ 신애, 글 two shot.
Camera, 글의 앉은 키 level에서 신애 단독.
약간 빈 f.S.
신애 : 엄마 ! 이게 뭐야?

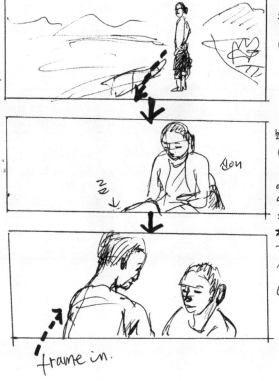

글을 보고 있다가
촐랑헤 다가온다.
Camera 앙각.

글 앞에 다가와서
보다가 앉는다.
Camera 함께
tilt down.
아이를 건드려깨운다.
아이는 계속 죽은 척한다.
장난스럽게 웃으며
친러련 떠으든 신애,
갑자기 서려한다.
신애 : 야, 일어나! 일어나!
(몸을 일으키려 아이를
쳐다보는 글.)
이게 뭐야?
옷에 흙 다 묻었잖아!

frame in.

S#1 ; C#9

작가 노트×콘티   209

210   밀양 각본집

C#10   C#9의 reverse shot
부감.
땅바닥에 죽은듯 누워있는 준 one shot에서
신애타의 two shot까지.

frame
in.

현장 스틸

세속의 공간에서 마주친 빛의 표정들

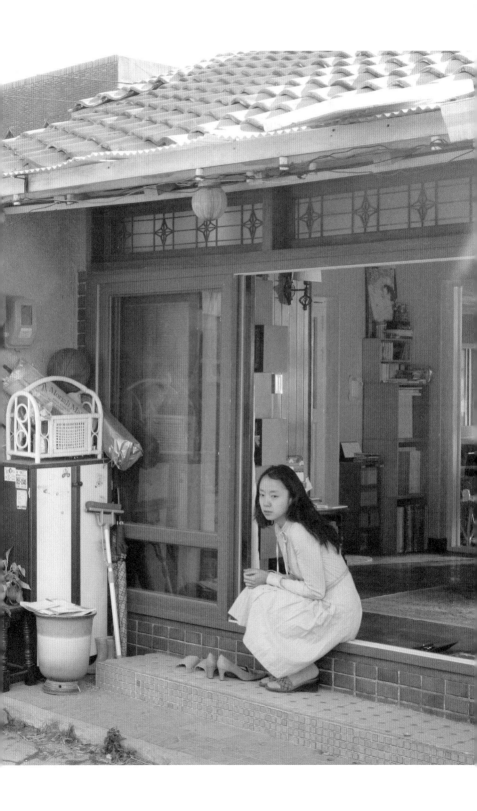

인터뷰 I

영화라는 매체가 도달할 수 있는 깊이

이동진×이창동

- 이동진은 영화평론가이다. 지은 책으로 《이동진이 말하는 봉준호의 세계》, 《영화는 두 번 시작된다》, 《이동진의 부메랑 인터뷰 그 영화의 시간》, 《이동진의 부메랑 인터뷰 그 영화의 비밀》 등이 있다. 방송과 지면을 두루 오가면서 영화에 대한 깊이 있고 세밀한 이야기들을 들려주고 있으며, 네이버 블로그 '언제나 영화처럼', 유튜브 '이동진의 파이아키아'를 운영하고 있다.

- 이 인터뷰는 '밀양'이 개봉한 2007년 5월에 이루어졌으며, '이동진의 영화풍경'에서 2회에 걸쳐 게재되었다. 이 책에 수록된 텍스트는 이동진이 내용을 전면 수정하고 새롭게 다듬은 것이다. 이 인터뷰의 제목 "영화라는 매체가 도달할 수 있는 깊이"는 '밀양'이 개봉했을 때 이동진이 쓴 20자 평이다.

영화란 그저 볼거리일 뿐이라고, 2시간짜리 오락일 뿐이라고 말하는 사람들이 있다. 그러나 어떤 사람들에게 영화는 거울이고 나침반이며 망치이다. 이창동은 '온몸을 던져 세계와 대결하는 단독자로서의 예술가'라는 전통적 예술가 개념에 가장 잘 들어맞는 감독이다. 누구나 쿨하게 취향과 스타일을 내세우는 이 시대에, 그는 고집스럽게도 본질과 진실을 말한다. 휘황한 테크놀로지와 방대한 참고 목록엔 눈길조차 주지 않은 채, 그는 오로지 인간이라는 심연 속으로 깊숙이 자맥질할 뿐이다.

여기 한국영화가 파놓은 깊고 깊은 우물들이 있다. 이제껏 그가 내놓은 네 편의 작품('밀양', '오아시스', '박하사탕', '초록물고기')은 한국영화가 리얼리즘 분야에서 지난 30년간 캐낸 가장 빛나는 열매들이다. 인터뷰를 했던 그의 방 한쪽 벽에는 커다란 밀양시 지도가 붙어 있었다. 이제 막 뚜껑을 연 이 탁월한 작품에 대해서 유독 묻고 싶은 말이 많았던 나로서는 그가 아직 '밀양'에서 벗어나지 못했다는 사실이 행운처럼 느껴졌다. 그러다 보니 내가 던진 질문도 '밀양'에 대한 것이 유독 많았다. 탁자 위 재떨이에는 이미 담배꽁초가 수북하게 쌓여 있었다. 그런데도 그는 새로운 대답을 할 때마다 담배를 다시 꺼내 물었다. 뿌연 담배 연기 사이로 이창동 감독이 느릿느릿 조용히 말을 이어갔다.

이동진　'오아시스' 이후 5년 만에 신작을 만드셨습니다. 물론 그 사이에 문화관광부 장관직을 수행하신 기간이 들어 있긴 하지만요. 그래도 5년이란 시간은 창작자에게 긴 공백기로 여겨집니다. 신작을 기다리는 영화 팬들도 많았는데요.

이창동　창작자라는 직업을 가진 사람들에겐 맹점이 하나 있어요. 일을 안 하고 있어도 스스로는 하는 것같이 착각한다는 거죠. (웃음) 저도 그런 상태였던 것 같아요.

이동진　공백기가 길었다고 느끼신 것은 언제입니까?

이창동　촬영하면서 많이 느꼈죠. 감도 잘 안 오고 확신도 안 서고 해서 많이 헤맸으니까요. 현장에서 하도 헤매서 스태프들도 힘들고 배우들도 많이 힘들었을 겁니다.

이동진　그런데 늘 현장에서 그런 방식으로 작업하지 않으십니까. (웃음)

이창동　저랑 이전에 작업했던 사람들은 '저 인간, 또 저러는 구나.' 하고 받아들이는데, 처음 작업하는 사람들은 다들 '이게 뭐지?' 싶었을 거예요. (웃음)

이동진　'밀양'이란 영화를 어떻게 시작하셨습니까. 밀양이라는 도시명이 주는 강렬한 느낌이 먼저입니까, 아니면 이청준의 단편소설 〈벌레 이야기〉를 떠올리신 게 먼저입니까?

이창동　소설은 이미 20년 전에 읽었으니 영화 시작 전부터 그동안 제 속에 미리 있었지요. 그걸 영화로 만들겠다는 생각은 갖지 못했지만, 그 소설이 제 속으로 들어와서 계속 숨어 있었던 겁니다. 아마도 그걸 영화로 만든다면 어떤 특정한 공간이 필요할 거라고 무의식적으로 생각했을 겁니다. 그게 언제 밀양이 됐는지는 저도 모르겠어요.

이동진　밀(密)이라는 한자는 무척 복합적이지 않습니까? 비밀스럽다는 뜻도 있지만 동시에 빽빽하다는 의미도 있으니까요. 비밀스러우니 손에 만져질 수도 없을 것 같은데, 다른 한편으론 빽빽하니 어느 곳에서나 편재하기에 늘 그 존재를 느낄 수 있지요. 저는 그런 이율배반적인 느낌이 이 영화에서 신의 뜻을 바라보는 인간의 시선에 내포되어 있다고 보았습니다.

이창동　한자로 '밀'이라는 글자의 뜻이 그런 것 같아요. 빽빽하다는 것도 알갱이가 아주 작고 미세한 걸 의미하잖아요? '밀교'에서도 밀이고 '밀회'에서도 밀이며 '밀집'에서도 밀인데, 거기에 본질적인 뭔가가 숨어 있는 듯해요.

이동진　　　그런데 '밀양'에서 밀양이란 특정한 공간은 사실 아무런 의미가 없는 공간일 수 있습니다. "밀양도 다른 데와 똑같다."라는 대사가 종찬의 입을 통해 두 차례나 반복되는 것에서 알 수 있듯, 밀양은 그저 한국 중소도시의 전형성을 띄고 있으니까요. 그래서 종찬의 그 대사가 제게는 이 영화 속 신애의 특수하고 예외적으로 보이는 비극을 인류 보편의 문제로 확장하는 데 결정적 역할을 하고 있는 것으로 여겨졌습니다. 종류가 다르고 질이 달라서 그렇지, 누구나 다 신애이고 어디나 다 밀양이니까요.

이창동　　　제게는 당연히 밀양의 전형성이 더 필요했지요. 언뜻 주변부의 공간이고 또 주변부 사람들의 특징을 보여주는 것 같지만, 그건 결국 개별적인 리얼리티의 문제이죠. 제게는 밀양이 보편적인 공간이고 하나의 세계이며 우주인 셈입니다. 신애의 비극이라는 것도 스스로에겐 특별한 것 같지만, 사실 어떤 인간이든 그 고통을 피할 수 없다고 생각합니다. 고통은 경험을 통해서만 이해할 수 있다고 봐요. 경험하지 않으면 남의 고통을 이해할 수 없어요. 그게 인간 조건의 한계입니다. 그런 고통은 누구에게나 올 수 있다는 것이고, 나에게 오지 않는다는 보장은 없다는 것이죠. 신애의 고통은 우리 모두의 고통일 수 있다는 겁니다. 종찬의 말을 통해서 그런 의미를 분명히 하고 싶었어요.

이동진　'밀양'에서 신애는 종종 숨을 제대로 쉬지 못하거나 음식물을 삼키지 못하고 토하기까지 합니다. 그런 장면들엔 슬픔을 제대로 삼키지 못해서 꺽꺽대는 인간의 고통이 실감나게 담겨 있습니다.

이창동　마이클 무어의 다큐멘터리 '화씨 9/11'(2004)을 보면 이라크에 간 군인 아들이 시체로 돌아오자 항의차 의사당으로 간 어머니가 숨을 제대로 못 쉬는 장면이 나옵니다. 그 모습이 그 사람의 고통을 그 어떤 말보다 더 생생히 전해주더라고요. 정말 고통이 크면 그럴 거라고 생각해요. 쉽게 뱉어내지 못하겠지요.

이동진　'밀양'은 용서마저 소유할 수 없는 인간의 조건을 그리고 있는 듯합니다. 인간은 그저 생생한 고통과 절망만을 소유할 수 있다고 할까요.

이창동　저는 이 문제를 용서할 권리를 갖고 있는 신의 문제로 생각하지 않았습니다. 만일 그렇다면 우리 삶의 비밀이라는 게 좀 더 해답이 쉬울지도 모르죠. 신이 결정하거나 해결하니 인간은 그저 그 뜻만 헤아리면 되는 거죠. 신애의 입장에서 보면 범인을 용서해야겠다고 결심한 것 자체가 용서라는 행위를 통해 고통에서 헤어나지 못했던 자기 자신을 스스로 넘어서고 싶었던 겁니다. 다만 신의 이름이 필요했을 뿐, 지극히 인간적인 동기죠. 그런데 스스로 그렇게 할 기회를 상대가 주지 않은 겁니다. 자기가 용서할 수 있으리라고 생각했던 것이 착각이었던 거지요. 그게 절망스러운 거고요. 사실은 자기 자신에게 절망한 겁니다. 용서하겠다고 생각하는 것은 참으로 아름다운 마음의 표현이죠. 그런 것이 배반당하는 데 대한 아픔이랄까. 결국 인간이 얼마만큼 스스로를 이길 수 있고 승화할 수 있으며 아름다워질 수 있느냐의 문제인데 종종 그게 뜻대로 되지 않잖아요. 그래서 다시 비참한 존재로 내려앉잖아요. 저는 그런 인간의 모습을 보여주고 싶었던 겁니다.

이동진   감독님의 영화들에서 순수라는 것은 늘 훼손된 것이거나 지나간 과거의 몫인 것처럼 보입니다. 과거로 흘러간 상실된 유토피아가 추억으로만 남아 있는 것 같다고 할까요. '초록물고기'에서 막동이 공중전화 부스에서 초록물고기를 잡으러 다녔던 추억을 말하는 장면이 그렇고, '오아시스'에서 종두가 어릴 적 뒷산에서 방울새 목에 방울이 있는지 확인해봤다는 이야기를 하는 장면도 그렇지요. '박하사탕'에서는 시제를 과거로 거슬러 올라갈수록 인물이 더 순수해집니다. 순임이라는 여인 자체가 잃어버린 과거의 순수를 상징하는 인물이고요. 이는 역설적으로 감독님 영화 속 인물들이 처참한 현재를 살고 있다는 뜻이기도 합니다. '박하사탕'이나 '초록물고기'의 경우는 아예 주인공이 죽어버려서 현재를 고쳐 살 만한 미래라는 시제 자체가 없기도 하죠. 이렇게 과거와 현재와 미래가 극명한 대비를 이루고 있는 것은 어떤 이유에서일까요.

이창동 　말씀하신 대로, 과거에 잃어버린 어떤 것들을 상정하는 것은 과거가 중요해서가 아니라 현재가 그렇지 못하다고 느껴서입니다. 학교 선생님처럼 이야기해보자면, (웃음) 낭만주의가 도래한 건 근대라는 시대가 박차를 가할 때 와트의 증기기관이 발명되고 대규모 공장이 들어서고 노동자들이 쫓기듯 살면서 그렇지 않은 어떤 것을 꿈꾸게 된 결과죠. 제가 그런 것을 상정한 것도 현재 삶에 대한 반성의 뜻이에요. 제 개인적으로는 돌아갈 만한 아름다운 과거의 그림들이 별로 없어요. 아름다움에 대한 원체험은 있겠죠. 아름다움이든 행복이든 고통 속에 있어야 빛이 나는 거니까요. 그런 작은 순간들은 어딘가에 있겠지만, 어린 시절의 행복했던 순간에 대한 이미지 자체가 제게 없어요.
　'박하사탕'에서의 과거는 좀 관념적인 것이기도 한데, 그 과거란 순수의 시대이기도 하지만, 무엇보다 손이 착했던 시절이라고 할 수 있을 것 같아요. 일하는 투박한 손, 그 손이 부당하게 대접을 받는다고 해도 사실 손이 가치 있고 의미가 있다는 것을 이야기하는 시절인 거죠. 노동이 의미가 있던 시절이랄까요.

이동진 심지어 '밀양'의 신애는 세상을 떠난 남편이 사실 다른 여자와 관계가 있었음에도 자신만을 사랑했다고 믿으려합니다. 아예 기억을 조작해서까지 과거를 유토피아로 간직하려 한다고 할까요. 현재가 워낙 끔찍하니까요. 그렇다면 순수한 과거라는 것도 사실은 희망사항일 뿐인 건 아닐까요.

이창동 신애는 삶에서 배반을 겪은 여자입니다. 사실 그정도의 배반은 그리 특별한 게 아닐 수도 있어요. 자기 꿈이나 자기 삶에서의 가치, 이런 걸 절반쯤 포기하고 다른 그 무엇을 위해서 버리고 살다가 그것조차 배반당하는 게 보통사람의 경우라면, 신애는 그걸 적극적으로 넘어서려고 스스로조작을 시도합니다. 아마 남편이란 존재는 죽어버렸기에 더욱 배반감을 안겼을지도 모릅니다. 살아 있으면 원망이라도할 수 있을 텐데, 죽었으니 더 막막한 거죠. 그래서 그건 남편과의 문제가 아니라 자기 자신과의 문제인 셈입니다. 신애에게 과거는 그런 거죠.

이동진   저는 이 영화가 기독교를 직접적으로 묘사해서가 아니라, 고통에 대해서 깊숙이 다루고 있기에 종교적이라고 생각합니다. 신애는 무엇보다 고통의 의미와 무의미 사이에서 치열하게 싸우고 있는 것으로 보입니다.

예전에 미국에서 한 여론 조사 기관이 종교를 믿는 사람의 비율을 파악할 때 "당신은 종교가 있으십니까?"라고 묻지 않고 "당신은 고통에 의미가 있다고 생각하십니까?"라는 질문을 사용한 적이 있었습니다. 고통에 의미가 있다고 믿으면 그 사람이 현실에서 종교를 갖고 있든 그렇지 않든 종교적인 사람이라는 견해였지요.

이창동   충분히 그럴 수 있겠어요. 지적하신 대로 신애는 사실 의미 없는 것에 대해 절망하는 거지요. 의미가 없다고 느껴질 때의 절망감은 고통을 경험한 사람만이 느낄 수 있어요. 그토록 사랑했던 존재가 그처럼 의미나 흔적 없이 사라졌다는 사실을 받아들일 수 없는 거예요. 그래서 무의미에 대해 절망적으로 저항하는 거죠. 그래서 초월적인 것을 받아들이게 되는 것이고요. 그런 인식 자체, 그런 행위 자체가 이미 종교적이죠. 인간의 삶이 이렇게 덧없을 수 있나 하는 탄식이랄까요. 비극을 겪는 사람들은 대개 그런 방식으로 고통에 접하죠. 인간의 논리로는 이해되거나 치유되지 않으니까.

이동진 '밀양'은 일각에서의 비판과 달리, 전혀 반기독교적인 영화가 아닌 것으로 보입니다. 기본적인 테마 자체가 그럴 뿐더러, 기술적으로도 기독교인들에 대한 묘사가 균형을 잡을 수 있도록 세심하게 고려하신 흔적이 보입니다. 일례로 종찬은 극의 종반부에서도 교회에 계속 다니죠. 신애가 장로를 유혹한 후 그 사실을 장로의 아내가 알게 되면서 기독교인 부부와 기독교인 공동체가 술렁대고 위기를 겪는 일 같은 것도 나오지 않습니다. 그리고 이 영화 속 기독교인 캐릭터들에는 일정한 정도의 위엄이 부여되어 있습니다.

이창동 당연히 세심하게 고려했지요. 일단 캐스팅할 때부터도 기독교인 배역은 가능하면 인상이 좋은 사람들 위주로 뽑았어요. (웃음) 촬영하면서 쓸데없는 논란은 일으키지 않는 게 좋겠다는 생각이 점점 더 짙어졌죠. 그게 이 영화의 핵심이 아니니까요. 그리고 마음도 그렇게 움직였어요. 스태프들 중에서도 기독교인이 많았고요. 영화 속에서 신애가 처음 찾아간 부흥회 기도 장면의 경우, 촬영하면서 나 자신부터 계속 찬송과 기도를 들으니까 마음이 평온해지는 부분이 있더라고요. 그래서 내가 느끼는 것만큼만 전달하자는 생각을 했어요. 실제 너무 고통스러워서 울지도 못하는 사람들이 교회에서 자기 속의 아픔을 드러내면, 그 정도로도 대단한 치유가 된다고 느꼈어요.

밀양 각본집

이동진　　그 장면에서 교회에 들어간 신애가 처음엔 두리 번거리다가 심하게 기침을 하는데 그 기침이 곧 통곡으로 바 뀝니다. 그럴 때 목사님의 손이 신애의 머리 위에 얹히자 통 곡이 서서히 잦아들지요. 전 그 장면에서 상당히 감동을 받았 습니다.

이창동　　그게 종교의 역할이겠죠. 누가 그렇게 해줄 수 있 겠어요. 종교는 환각제에 불과하다고 폄하할 수도 있지만, 설 사 그렇다 해도 다른 어느 누구도 그런 환각제를 줄 수 없다 는 거죠. 아무튼 친기독교 영화니, 반기독교 영화니 지적하는 것은 제 의도와 많이 다릅니다. 우리나라 사람들은 특히 기독 교와 관련해서 믿느냐 아니냐에 따라 경계가 너무 심하고 깊 어요. 학교 다닐 때 가정환경 조사서에 믿는 종교명을 적어 넣고 유무를 기입할 문제가 아니라는 겁니다. 우린 너무 나누 는 것 같아요. 믿음이란 게 완전히 다른 세계에 사는 것 같은 건 아니라는 거죠. 아까 말씀하신 것처럼, 그건 고통에 의미 가 있음을 받아들이는 것일 수도 있어요. 신념을 위해서 죽는 사람의 믿음이라는 것도 물질적인 것은 아니잖아요?

이동진　　신앙에 의지하게 된 신애가 범인을 면회하는 과 정에서 크게 낙심한 뒤 망가지게 된 것은 의미에서 무의미로 의 회귀가 주는 고통 때문인 것일까요. 어떻게 보면 '밀양'은 무의미에서 의미를 찾으려 했던 한 인간이 거대한 비극을 경험하고 나서 다시금 무의미로 회귀해 겪는 참극처럼 여겨지는데요.

이창동 　　글쎄요. 저는 '밀양'이 무의미에서 의미로 갔다가, 다시금 또 다른 의미로 향하는 영화일 거라고 생각합니다. 무의미에서 의미로 갔을 때, 그 첫 번째 의미는 '신의 섭리'라는 의미였지요. 그런데 그게 사실은 인간의 눈으로 보고 싶은 신이었다는 거죠. 후반부에 신애가 싸우는 대상은 바로 그와 같은 보고 싶었던 신이었던 겁니다. 그러다가 밤거리의 사람들에게 "살려주세요."라고 외치면서 또 다른 의미로 돌아가는 거지요. 신을 바라보다가 사람을 보는 것 같지만 사실 전혀 알지 못하는 밀양 사람들에게 살려달라고 하는 것은 진짜 신을 만나는 것과 같습니다. 자기 눈으로 보고자 했던 신이 아니라 진짜 신 말입니다. 저는 그래서 이 영화의 종반부가 무의미가 아니라 또 다른 의미를 찾는 행위라고 생각합니다. 신애는 밀양에 살러 왔다고 말하지만 사실 그건 남편에게서 배신당했다는 과거를 인정하기 싫은 데서 온 자기 기만이었죠. 그래서 진정으로 밀양이란 땅을 만나지 못했고 밀양 사람들을 만나 소통할 생각도 없었던 겁니다. 그러다가 마지막 순간에 얼굴도 모르는 밀양 사람들에게 살려달라고 말하면서 비로소 밀양 사람들을 만나기 시작하는 거죠.

이동진　　　감독님 영화 속에서 인물들은 종종 어디로 가야 할지 갈피를 잡지 못합니다. '박하사탕'에서 군인들은 시위 진압을 위해 투입될 때조차 어디로 가는지 모릅니다. 사업을 하게 된 영호가 경찰관으로 일하던 시절의 선배와 밥을 먹으러 나갈 때조차 어디로 갈지 몰라서 망설이는 대목이 나오기도 합니다. 그리고 '밀양'의 첫 대사는 운전하다가 길을 잃은 신애가 전화를 하면서 "여기가 어딘지 잘 모르겠어요. ⋯⋯ 어디서 왔냐고요? 글쎄, 어디서 왔더라?"라고 말하는 것이지요. 어쩌면 그런 게 인간이 처한 상태라고 말씀하시는 것 같습니다.

이창동　　　무심하게 들리도록 슬쩍 집어넣은 대사인데, 제 의도를 딱 낚아채시네. (웃음) 어디서 왔다가 어디로 가는지도 모르는 불확실성과 함께 우리는 어쨌든 어디선가 와서 어디론가 가는 존재라는 사실도 그 장면을 통해 보여주고 싶었습니다.

이동진　　　'초록물고기'에서 온 가족이 모처럼 함께 간 소풍은 결국 악다구니와 난장판으로 끝을 맺습니다. 감독님은 가족이라는 제도에 대해서 매우 비관적인 견해를 가지고 계신 것 같습니다. 감독님 영화에선 온 가족이 함께 모이는 좋은 날엔 꼭 사고가 나거든요. (웃음) '초록물고기'뿐만 아니라 '오아시스'에서도 온 가족이 모인 어머니 환갑 잔칫날 가족의 갈등이 가장 극에 달하게 되죠. '박하사탕'에선 가족뿐 아니라 직장 동료까지 초청한 집들이 장면에서 부부가 최악의 상태에 놓이고요. '밀양'에선 온 가족이 함께 등장하는 유일한 장면이 바로 장례식 장면입니다. 온통 슬픔에 젖는 그 장면에서조차 시어머니는 며느리인 신애에게 악을 씁니다.

이창동   비관이라기보다는 기본적으로 그게 우리 현실의 반영이라고 생각해요. 가족이 어떠어떠해야 한다는 분명한 생각이 제게 없습니다. 가족 제도가 유효한지도 잘 모르겠고, 가족이라는 이름하에 자행되는 것도 참 많지요. 전 그런 현실을 반영할 뿐입니다. 우리가 사용하고 있는 가족이라는 단어도 한번 생각해볼 필요가 있을 거예요. 우린 가족과 가정을 다르게 쓰고 있는데 가족이란 말에는 핏줄 개념이 강하게 담겨 있죠. 우리가 사용하는 가족이란 말 자체가 어떤 가치를 갖고 있다고 생각하지 않아요. 그 속에 다른 많은 것이 담겨 있을 테지요. 제겐 그런 현실을 정직하게 반영하고 묘사하려는 생각이 더 앞서 있을 뿐입니다.

이동진   그렇게 갈등하는 모습을 현실의 반영이라고 보시는 것 자체가 가족에 대해 비관적인 인식을 갖고 계시기 때문이 아닌가요?

밀양 각본집

이창동　　그렇죠. 그런데 사실 가족들이 다 모일 때가 보통 무슨무슨 날이기 마련인 상황에서, 그렇게 모였을 때 가족 구성원이 갖고 있던 온갖 불편한 관계가 드러날 것이라는 거죠, 아이러니하게도. 그걸 드러내는 데 그런 설정이 좀 더 편리했을 수도 있을 거예요.

이동진　　감독님 영화들에선 온전히 선한 사람이 없습니다. 장르적 색채가 짙었던 첫 영화 '초록물고기'에서의 예외적인 인물을 제외하면, 온전히 악한 사람도 없습니다. 다 적당히 때가 묻고 딴짓도 하는데 그러면서 어느 정도 인간미도 있지요. 그런 감독님 영화 속 인물들은 무척이나 사실적이고 또 입체적으로 다가옵니다. '오아시스'에서 종두의 가족들이나 공주의 가족들은 종두와 공주 때문에 이익을 얻으면서도 그들을 함부로 대하지요. 그런데 좀 바꿔놓고 생각하면 충분히 이해가 되기도 합니다. 종두처럼 사고뭉치인 사람이나 공주처럼 보살피는 데 정말 많은 희생이 필요한 장애인이 가족인 경우, 사실 가족들이 지칠 수밖에 없는 게 너무나 당연한 일이잖습니까.

이창동　　사람들이 답을 정해놓고 살지 않잖아요. '오아시스'에서 "미안한 말인데, 난 정말 삼촌이 싫어요."라고 하는 형수의 말은 무척 야박하고 잔인하게 들리겠지만 그게 솔직한 심정일 거예요. 그런 잔인한 말을 하면서도 한편으론 종두의 다친 발에 약을 발라주잖아요. 시동생의 까진 무릎에 약 발라줄 형수가 그리 많진 않아요. (웃음) 둘 중 어느 한 행위가 위선적인 행위인 건 아닙니다. 둘 다 진실이죠. 사람들의 관계란 게 다 그렇지 않을까요. '오아시스' 개봉 후에 두 주인공의 가족들이 얼마나 비인간적인지를 질타하는 관객 의견들이 많더군요. 그런데 저는 전혀 그렇게 생각하지 않아요. 뇌성마비 중증 장애인 성인 여성과 함께 사는 가족의 고통을 보통 사람들이 짐작할 수가 없지요. 삶의 모든 부분에서 제약을 받게 되거든요.

이동진   공주의 올케가 종두와 공주가 관계를 갖는 장면을 목격하고 강간으로 판단하며 발을 동동 구를 때, 저는 그게 진심일 거라고 느꼈습니다.

이창동   그 영화에서 공주의 오빠와 올케는 나름대로 참착한 사람이에요. 거기서 작은 이득을 누리는 것이 그렇게 나쁜 행동이라고 생각하지 않을 뿐이지요.

이동진   '밀양'에서 종찬은 사실 남의 일에 주제넘게 참견을 잘하는 인물입니다. 속물스럽기도 한데, 그러면서 대단히 인간미가 있는 인물이죠. 그런데 다른 한편으론 종찬이 신애를 둘러싼 환경이나 세계를 의인화한 인물로도 보입니다. '박하사탕'의 영호 역시 지난 20년간의 한국 역사를 의인화한 인물로도 볼 수 있지 않습니까. 결국 '밀양'에서 신애와 종찬의 관계는 인물과 세계의 관계일 수도 있지 않을까요. 그럴 때 종찬은 곧 절망과 희망이 함께 공존하는 세계 자체를 뜻하는 캐릭터인 것 같습니다.

이창동 그렇습니다. 분명히 그런 측면을 생각하면서 인물을 만들었죠. 하지만 그럴수록 하나의 캐릭터로서의 실감도 제대로 느껴졌으면 좋겠다고 생각했어요. 종찬이 하는 말들은 자연스런 일상 언어 같지만 사실 상당히 계산된 말이기도 합니다.

이동진 아들을 화장할 때 신애가 절망에 눈물조차 흘리지 못하는 걸 보면서도 옆에 있던 시어머니는 왜 안 우느냐고 윽박지릅니다. 그러자 종찬이 그 시어머니를 부드럽게 위로하면서도 아이 엄마가 가장 슬프지 않겠냐며 바른말을 하며 끼어들기도 하죠.

이창동 죽음이라는 문제에 대해서 종찬은 인간으로서, 속물의 보통 인간으로서 해야 할 말을 하는 거죠. 교양 없고 주책맞아 보여도 그냥 인간의 모습으로 툭툭 내뱉는 겁니다.

밀양역 앞에서 전도 찬양을 하는 종찬을 보고 친구들이 비웃는 장면이 있잖아요? 그 친구들은 종찬이 교회에 나간다는 것 자체를 우스꽝스럽게 생각하죠. 눈에 보이지도 않는 거니까. 그러면서 자기들은 '기(氣)' 이야기를 합니다. 농담처럼 말하지만 기를 믿는 거죠. 그 이야기를 꺼내는 친구는 개량 한복까지 입고 있어요. (웃음) '기'라는 것도 눈에 안 보이는 거잖습니까. 결국 종찬은 중간에 있는 인물이죠. 기 이야기도 받아들이지만 다른 곳에선 찬송도 부를 수 있다는 태도지요. 종찬은 그런 인물입니다.

이동진　　'밀양'은 분명 감독님의 영화 중에서 가장 어두운 영화일 겁니다. 그런데 역설적이게도 '밀양'은 가장 유머가 많은 이창동 감독 영화이기도 하다는 거지요. 이 영화에 유머를 많이 넣은 이유는 어떤 겁니까? 어느 정도는 송강호라는 배우의 스타일을 감안하신 겁니까?

이창동　　종찬 같은 인물은 겉으론 속물처럼 보이고 뻔뻔하게 느껴져도 정이 흐르는 사람입니다. 신애는 늘 하늘을 바라보면서 눈에 보이지 않는 것들을 찾거나 맞서 싸우려 하는데, 돌아보기만 하면 종찬 같은 사람들이 있는 거지요. 그런 현실이 잘나고 멋있어서가 아니라 그 자체로 나름 살 만하다는 겁니다. 손잡고 함께 숨 쉴 만하지요. 이 영화를 보시는 분들은 송강호 씨가 첫 대사를 할 때부터 웃더라고요. 그게 송강호라는 배우 때문에 웃는 것일 수도 있지만 꼭 그것 때문만은 아닌 듯해요. 있는 그대로의 현실 때문에 웃는 것 같거든요. 맞아, 저런 사람 있어, 뭐 그런 느낌이랄까요. 그걸 송강호 씨가 절묘하게 표현하는 거죠. 저는 사실 쑥스러워서 말을 잘 못하는데, 이 영화를 찍으면서 송강호 씨에게 참 고마웠어요. 그래서 어쩌다 고맙다고 하면, "뭐를예?"라고 되물어요. 알면서 모르는 척하는 건지, 종찬이인 척하는 건지. (웃음)

이동진　'초록물고기'는 장르의 형태를 빌려온 작품입니다. '박하사탕'은 시간의 역순으로 극이 진행되는 독특한 구조를 지니고 있지요. '오아시스'에서는 현실과 환상이 종종 중첩됩니다. 이와 같은 이전 세 작품의 특성과 달리, '밀양'은 이렇다 할 형식적 틀 없이 오로지 인물 심리 속으로만 초지일관 깊숙이 자맥질하는 드라마입니다. 흔한 과거 회상 장면 하나 없지요.

이창동　저는 볼 수 있는 것과 볼 수 없는 것의 관계에 대한 영화적 질문을 품고 있습니다. 영화라는 매체가 보이는 것만, 볼 수 있는 것만 담는 것인데도, 사실 보일 수 없는 것 역시 세상엔 있잖아요? 신에 대한 믿음뿐만이 아니죠. 보이지 않는 것에 대한 믿음이 없으면 아마 세상이 전혀 다른 모습이

겠지요. 그런데 영화는 보이는 것만 담을 수밖에 없지 않습니까. '밀양'은 제가 말한 그 영화적 질문을 아예 영화의 내용으로 품고 있기에, 볼 수 있는 것들을 정직하게 보여주는 일관성이 중요하다고 생각했어요. 다른 형식적 틀을 사용하게 되면 제가 가진 그런 콘셉트를 배반할 거라고 생각한 거죠.

이동진　　　에필로그 직전에 피투성이가 된 신애가 밤거리로 뛰쳐나가 "살려주세요."라고 외치는 장면은 한 인간의 마음속 지옥불을 본 것 같은 심정에 정말 소름이 오싹 끼칩니다. 제게는 감독님 영화들 속의 모든 장면 중에서 가장 어둡고 무시무시한 장면으로까지 여겨집니다. 그런데 그 살려달라는 말 속에 기묘하게 희망이 내포되어 있다는 느낌도 함께 듭니다. 그 말은 신에게 하는 말일 수도 있고, 타인들에게 하는 말일 수도 있는데, 신애가 그렇게 밑바닥에서 자신의 마음을 열 때 소통이든 구원이든 비로소 가능해질 수 있는 것이란 생각이 들었기 때문입니다.

이창동　　　그렇죠. 저는 사람이 안 죽고서 사는 게 희망이라고 생각합니다. 이 영화 속에 나오는 목사님의 말을 빌리는 것으로 답을 대신할게요. '밀양'의 야외 기도회 장면에 목사로 출연하신 분은 연기자가 아니라 진짜 목사님이셨어요. 연기자로는 진짜 같은 느낌이 안 나와서 수소문 끝에 실제 목회를 하시는 분께 연락드리고 시나리오도 드렸죠. 그런데 그분이 시나리오에 대해 긍정적으로 봐주시면서 신애의 구원은 사실 생명이라고 말씀하시더군요. 자신의 생명을 받아들이는 것이 구원의 시작이 아니겠냐면서요.

이동진 감독님의 모든 영화는 위에서 아래로 땅을 비추면서 끝납니다. 게다가 그 장면들엔 늘 햇볕이 내리쬐고 있습니다. '초록물고기'에서는 텅 빈 마당을 크레인 부감 쇼트로 담습니다. '박하사탕'에선 강가에 누운 채 하늘을 보는 주인공의 얼굴을 내려 찍습니다. '오아시스'에선 방 청소를 하는 주인공과 방바닥을 가만히 내려다봅니다. 그리고 '밀양'에서는 머리를 자르는 주인공의 뒷모습으로부터 천천히 카메라가 내려와 햇볕이 내리쬐는 마당을 비춥니다. 특히 '밀양'이 푸른 하늘을 올려 찍는 쇼트에서 시작해 땅을 내려 찍는 쇼트로 끝난다는 사실을 상기하면, 감독님이 어떤 이야기를 하시려는지 짐작할 수 있을 것도 같습니다. 이창동이라는 예술가는 결국 이 생생한 땅의 이야기를, 거기서 살아가는 징글징글한 인간들의 이야기를 하려고 한다는 거죠.

이창동 제 작품들 엔딩의 공통점을 한 번도 생각 못 했는데, 듣고 보니 정말 그러네요. (웃음) 저는 기본적으로 현실적인 것 같습니다. 제 영화적 관심은 결국 현실을 어떻게 담아낼 것인지에 놓여 있는 셈이니까요. 그래서 제 영화는 늘 현실에서 끝이 나지요. '오아시스' 마지막 장면에서 공주가 비질을 할 때 먼지가 보이는데 그거 만들어내느라고 무척 힘들었습니다. 그때 다들 왜 하필 먼지냐는 질문을 했는데, 일상의 먼지 같은 현실에 대해서 제가 집착하고 있는 것 같습니다.

이동진　　그 마지막 장면들을 하이 앵글로 내려 찍고 있다는 사실에는 연민이 담겨 있는 걸까요? 인물들이나 이야기를 바라보는 감독의 연민 같은 것 말입니다.

이창동　　그럴 수도 있겠네요. 마지막 장면에는 감독의 의도가 강하게 담기기 마련이니까요. 그런데 그게 내 시선이라기보다는 관객이 바라봐주길 바라는 시선에 더 가까운 것 같아요. 어쨌든 관객은 마지막 시선의 느낌으로 극장 문을 나설 테니까요. 혹시 현실 속에서도 그 영화가 이어질 수 있다면 그 마지막 장면의 느낌이 다리가 되는 지점이겠죠.

이동진　　그렇다면 그 네 장면 모두에 햇빛이 비추고 있다는 사실은 어떻습니까? 감독님 영화의 마지막에 드리운 햇빛은 어떤 의미입니까?

이창동　　'밀양'은 햇빛이 정말 중요한 작품이죠. 그걸 어떻게 드러내느냐가 영화에서 무척 중요했던 게 사실입니다. 그런데 다른 세 작품은 그만큼 중요한 것 같진 않아요. '오아시스'는 먼지가 우선이었어요. 먼지가 보여야 하니까 햇빛이 필요했지요. 그런데 이런 생각이 들긴 하네요. 갈수록 심해지는 생각인데, 육안으로 보이지 않는 것을 영화에서 드러내는 것에 대한 거부감이 제게 있다는 거죠.

이동진　　비트겐슈타인 식으로 말하면, 보이지 않는 것에 대해서는 침묵해야 한다는 건가요?

이창동　　그런 셈이죠. 자연광이 드러내는 사물의 모습이 제게 중요합니다. 지금 생각해보니 바로 그런 의미에서 햇빛이 제 영화에서 중요한 의미를 지닐지도 모르겠네요. 육안으로 보이는 것을 재현하는 게 중요하다고 생각하다 보니까 햇빛이 중요해진다는 생각이 드네요.

이동진　　신애와 마주치게 된 옷가게 주인이 신애가 예전에 조언해준 대로 인테리어를 바꿔봤더니 매상이 올랐다며 고마워하는 종반부 장면에서는 감독님이 희망을 말하는 방식이 드러나는 듯합니다. 절망의 압도적인 양과 질에 비해서, 감독님 영화에서 희망이나 소통의 가능성은 그 정도로만 존재하는 것처럼 보이는데요.

이창동　　신애에게 그 옷가게 여자가 무심결에 "미쳤는갑네."라고 말한 뒤 잠깐 난처해하잖아요? 사람들 사이의 그 정도 배려가 희망이 존재하는 증거인 셈이죠. 그 이상은 말할 수 없을 것 같아요. 그 장면 직전에 범인의 딸과 신애가 미용실에서 우연히 만나잖아요? 둘이 함께 거울에 비친 모습에서 신애에겐 연민이 있고 그 딸에겐 죄의식이 있는데, 그게 신이 예비한 화해의 장면이든 뭐든 우리 인간과 인간 사이에, 가해자와 피해자의 관계 속에 있는 사람들이 그 정도 느끼고 그 정도 상대를 이해하는 것 이상의 희망이 과연 있을까 싶어요.

이동진　　감독님은 영화를 만들 때 최대한 인위와 허위를 배제하려고 하시는 것 같습니다. 진실만을 말해야 한다는 강박 같은 것도 있으신 것 같고요. 소설가 출신이지만 통념과 달리 대사가 일상적이고 관념적인 부분이 거의 없는 것도 무척 놀랍습니다.

이창동　　지금 지적하신 게 제가 영화를 할 때 가장 큰 화두입니다. 영화는 사진처럼 현실을 그대로 담아내는 매체이면서 동시에 볼거리와 판타지를 제공하는 매체이기도 하죠. 어느 한쪽도 완전히 밀어내긴 어렵죠. 그런데 갈수록 영화가 그중 어느 한쪽으로 쏠리고 있고, 그래서 진실을 드러내는 방식으로서의 매체 성격도 점차 무력해지는 것 같아요. 거기에 대해서 나는 저항하고 싶은 생각이 있어요. 나라도 저항하고 싶은 거죠. 사실 다큐멘터리라고 해도 그 자체로 진실은 아니죠. 다큐멘터리도 연출을 해야 하고 작위적으로 구성해야 하니까요. 그럼에도 불구하고 문자 같은 관념이 아닌, 영상이란 직관 작용을 통해서 진실을 드러내려는 영화 매체의 본성에 매달리고 싶습니다. 그게 영화를 시작한 이후 지금까지의 화두였어요. 특히 '밀양'은 보이지 않는 것과 눈에 보이는 세계의 관계를 다루는 영화니까 더욱 그랬죠. 눈에 보이지 않는 것을 어떻게 말할 것인가. 결국 그 방법론은 눈에 보이는 것에 충실할 수밖에 없다는 겁니다. 눈에 보이지 않는 것, 말할 수 없는 것에 대해선 침묵할 수밖에 없어요. 눈에 보이는 것을 어떤 방법으로 드러내면서 어떻게 진실에 더 가까워지는가가 나의 핵심 숙제이죠. 진실이 그리 대단한 것도 아니에요. 우리 삶에서 쉽게 설명하기 어려운 국면이 찰나적으로 드러나는 순간이 있는데, 그게 여타 매체와 다른 영화의 진실인 것 같습니다.

이동진　　　그럼에도 이창동 감독님의 작품은 종종 '문학적'이라는 지적을 받곤 합니다. 이번 영화도 그렇고요. 그런데 저는 그와 같은 지적이 예전에 감독님이 소설가였다는 이력에 사로잡힌 편견이라고 봅니다. 사실 '밀양'처럼 '영화적'인 작품도 드물다는 생각이 들었거든요. 이 영화는 "왜 그 장면을 그렇게 찍었는가?"라는 질문에 대해 거의 매 순간 설득력 있게 답하는 드문 작품이라고 봤습니다. 신애가 교회 장로를 육체적으로 유혹하는 장면이 대표적인 예가 될 수 있겠지요. 극단적인 심리로 좌충우돌하던 신애가 그렇게 누워서 위악적인 행동을 할 때 카메라는 직부감으로 내려 찍습니다. 더구나 그건 인물을 180도 거꾸로 잡은 클로즈업이었지요. 그런 형식적 특성이 그 장면의 의미를 고스란히 함축하고 있다고 느꼈습니다. 사실 감독님은 이처럼 도드라지는 방식을 여간해서는 사용하지 않으시는데요, 영화를 만드실 때 형식의 원칙 같은 게 있다면 어떤 것일까요.

이창동　　제가 어떤 원칙을 가지고 영화를 찍는지는 잘 모르겠어요. 하지만 가장 기본적인 것은 인물에 충실하자는 것입니다. 그건 사실 모든 사항에 적용됩니다. 촬영에서 조명과 색보정까지요. 시각적인 측면에서 제가 가장 중시하는 것은 얼굴색의 자연스러움이거든요. 흔히 영화는 표정이라고까지도 말하는데, 인물이 가장 중요하죠. 인물을 어떻게 드러내는 게 가장 정직한 방식인가를 늘 고민합니다. 종종 영화가 형식에 맞춰서 인물을 사용하기도 하는데, 그러면 인물이 일종의 오브제가 되는 거죠. 저는 인물이 오브제가 되는 영화가 싫어요. 내 영화가 그렇게 될 때는 정말 소름 끼치죠.

이동진　　형사들이 비극적인 소식을 알려주려고 학원에 찾아오는 장면에서 신애의 모습은 밖에서 유리창을 사이에 둔 채 카메라에 담깁니다. 사실 감독님 영화에선 이렇게 유리창을 사이에 두고 인물을 비추는 쇼트가 유독 많지요. '박하사탕'에서 영호가 주차 위반 스티커를 떼어내는 장면은 차 안에서 유리창 너머의 인물을 비추는 방식으로 찍혔습니다. 차 안에서 권총 자살을 연습하는 장면은 차 밖에서 유리창 너머로 촬영되었고요. 군산에서 잠복하는 장면도 비슷한 구도입니다. '초록물고기'에서 막동이가 죽는 장면은 차 안에서 유리창 바깥을 바라보는 미애의 시점 쇼트였습니다. '오아시스'는 첫 장면이 차창 밖에서 버스 좌석에 앉은 종두를 비추는 쇼트였지요.

　'밀양'은 차 안에서 유리창 밖의 하늘을 비추면서 시작되었고요. 감독님 영화에서 유리창을 매개로 인물을 찍는 장면들은 현실의 저 너머 어딘가를 우두커니 바라보는 듯한 느낌을 주면서, 동시에 소통 단절이랄까, 불투명한 삶의 의미에 대한 절망이랄까, 그런 것들을 감지하게 해줍니다.

이창동　　그렇게 지적하시는데도 제가 분명한 자의식을 갖고 그렇게 연출했는지는 잘 모르겠네요. 듣다 보니 제가 무의식적으로 그런 장면들을 선호했던 것 같습니다. 한국 사회에선 유리창을 통해서 뭔가를 보는 게 워낙 많은 것도 같네요. '밀양'의 첫 장면이나 아들의 시신을 확인하러 저수지에 갔을 때 장면은 차 안에서 봐야 한다고 처음부터 생각했어요. 하늘을 직접 대면하는 느낌이 아니라 뭔가 거쳐서 본다는 느낌이었으니까요. 그 두 장면의 경우 처음엔 아들의 눈에 비친 하늘이고, 두 번째는 신애로선 잘 모르겠지만 예전에 아들이 바라봤을 때의 그 하늘을 똑같이 경험하는, 그 알 수 없는 하늘이라는 것이죠. 회의와 절망이 주는 하늘의 느낌을 반복적으로 보게 만들고 싶었어요. 제가 유리창 너머의 인물을 찍었다면, 어떤 영화든 그 속에서의 자연스러운 맥락이었을 것 같아요. 그리고 막동이가 죽을 때는 정말 미애의 눈앞에 그의 죽음을 들이대고 싶었던 겁니다.

이동진   '밀양'은 뒷모습의 쇠멸을 다룬 작품으로도 볼 수 있을 것 같습니다. 전체를 통해서 허세를 부리고 위엄을 가장하는 앞모습이 아니라, 부르르 떨리거나 초라하게 웅크리는, 위장할 수 없는 신애의 뒷모습을 지속적으로 생생히 응시하니까요. 감독님은 첫 영화 첫 씬을 막동이라는 인물의 뒷모습으로 시작하시기도 했습니다. '밀양'에서 뒷모습을 집요하게 담아내신 것은 어떤 이유에서였습니까?

이창동   '밀양'을 찍으면서 뒷모습을 중요하게 생각했어요. 뒷모습은 꾸며지지 않는 모습이라고 봤으니까요. 신애는 사실 자신도 깨닫지 못하는 사이에 자기 자신과 싸우고 있는 여자잖아요. 보이지 않는 신과의 문제도 사실은 자기 자신과의 문제였던 거지요. 어디까지가 자신의 것이고 어디까지가 자신 바깥의 것인지 구분이 안 가는 싸움을 하고 있으니까, 오히려 뒷모습이 중요하리라 생각한 겁니다. 고통받고 슬퍼하는 앞모습도 필요하지만, 자기가 자기를 볼 수 없는 무방비로 노출된 뒷모습이 중요했어요. 우리가 누군가에게 정말로 관심이 있으면 뒷모습을 본다고 생각해요. 관객들도 신애의 뒷모습을 통해서 신애가 보여주려고 하는 것 외의 다른 것을 느끼길 바랐죠.

이동진　　'밀양'의 신애는 정말 배우가 자신을 완전히 내던져야 가능해지는 배역인 것 같습니다. 이 영화에서 전도연 씨는 실로 귀기가 서린 듯한 연기를 보여줍니다. 유괴범으로부터 처음 전화를 받는 장면만 해도 통화가 끝나고 심하게 몸을 떠는데, 촬영이 끝난 뒤의 전도연 씨가 걱정될 만큼 무서운 몰입력이었습니다. 신애의 혼란과 고통을 그냥 그대로 겪어버리는 느낌이었는데, 함께 작업해보신 전도연이라는 배우가 어떠셨나요?

이창동　　인물의 고통이 크면 클수록 어떤 의미에서 보면 단순화되거나 전형화되기 쉽습니다. 아이 잃은 어머니에게 개별적인 슬픔이 어디 있겠어요. 다 똑같지. 그런데 제가 그런 슬픔은 기본으로 하고 거기에 덧붙여진 개별성을 요구하니까 굉장히 어려웠을 거예요. 저는 그 어려움을 전도연이란 배우가 놀랍게도 잘 통과했다고 느낍니다. 현장에서 전도연씨가 무척 힘들어한다는 것을 누구나 느낄 수 있었어요. 연기자체에 대해 기술적으로 힘들었다기보다는 영화 속 상황을 받아들이기 어려웠던 거죠. 저는 그렇게 전도연 씨가 힘들어했던 것 자체가 신애로서 살고 있다는 것을 증명한다고 보았기에 옆에서 보기 답답했음에도 도와줄 수 있는 것이 거의 없었어요. 그렇다고 의도적으로 괴롭힌 것은 아니에요. (웃음) 그저 같이 통과할 수밖에 없고, 함께 지나가야만 한다고 본것입니다.

이동진   송강호 씨에 대해서는 어떻게 보셨습니까? 저는 이 영화에서 송강호 씨가 종찬을 드러낼 수 있는 수백 가지 방법 중에서 최적으로 연기의 톤을 잡았다고 느꼈는데요.

이창동   한마디로 고맙게 생각합니다. 이것도 제 운이겠죠. 스타급 중에서 캐스팅을 한다고 했을 때 송강호 씨 외에 대안이 없었어요. 만일 송강호 씨가 시나리오를 본 뒤에 안하겠다고 했다면 제작 자체를 전면 재검토했을 겁니다. 사실 이해해줄 거라고 기대는 했지만 조금 꺼려질 거라고도 생각했습니다. 워낙 혼자서 끌고 가는 영화만 했는데, '밀양'에서 처럼 표면적인 비중이 떨어지는 배역을 흔쾌히 할까 싶었죠. 그런데 제 예상보다 훨씬 더 적극적인 반응을 보였어요. 더불어 이 작품이 대단한 영화가 될 수 있을 것 같다는 소감으로 제게 용기까지 불어넣어 주었죠. 사실 송강호 씨는 이 영화를 하면 안 되는 스케줄이었어요. 당시에 '우아한 세계'를 찍고 있었고, 곧 김지운 감독의 신작에 참여하기로 되어 있었으니까요. '밀양'을 하게 되면 스케줄의 무리를 감수해야 했어요. 김지운 감독에게도 양해를 구해야 하고요. 그런데 그 모든 것을 감수하고 참여한 거죠. 스케줄상 피곤할 수밖에 없는 상황에서, 배역의 성격상 두드러져선 안 되지만 동시에 영화적 균형도 만들어내는 연기를 해야 했어요. 혼자서 이 영화의 무게를 지탱해야 하는데 그게 참 어려운 거죠. 그 점에서 놀라운 균형 감각을 입증했다고 봅니다. 찍다 보면 항상 두어 걸음 뒤에 있고, 신애가 있으면 절대 전면에 나오지 않고, 대사가 없는 상황에서도 절묘하게 해냈으니까요. 자신에게 딱 주어진 것만큼만. 그걸 자기 감각으로 파악하는 거죠.

이동진   송강호 씨는 어떤 배우라고 보십니까?

이창동   규정하기가 참 힘든 배우죠. '초록물고기' 이후 10년 만에 다시 일해보면서 실감했어요. 굉장히 감각에 의존

하는 것 같으면서도 또 굉장히 계산되어 있어요. 송강호 씨처럼 연기 계산에서 디테일한 배우는 찾기 힘들 거예요. 그러면서도 거의 모든 장면에서 또 감각적으로 하고요. 저로선 촬영하면서 의지가 많이 됐지요. 어려울 때마다 과장된 어조로 용기도 북돋워주고, 종종 다시 찍자고 먼저 말하고, 현장 분위기도 띄워주고.

이동진   배우를 캐스팅하실 때의 원칙은 어떤 것인지 궁금합니다.

이창동   제 직감을 믿는 편이예요. 오디션을 하면 직감적으로 이 사람이 괜찮을 것 같다는 느낌이 올 때가 많죠. 예를 들어서 '박하사탕' 때 문소리 씨 같은 경우에는 오디션에 무려 2000명이 왔어요. 문소리 씨는 연기 경력이 별로 없어서 1차 오디션부터 참석했는데, 한 사람당 주어진 시간이 30초나 됐을까요. 그런데도 직감적으로 뭔가 느껴졌어요. 그래서 같이 심사하는 사람들에게 주의해서 보라고 말했는데 다들 심드렁하더라고요. (웃음)

이동진   그 직감이 훗날의 큰 배우 한 명을 놓치지 않게 한 거군요.

288

이창동   그 경우는 운이었어요. 문소리 씨가 이미 그릇이
었던 거죠.

이동진   '밀양'에선 조·단역들이 다 기가 막히게 사실적
인 연기를 하더라고요. 그런 분들만 뽑으신 게 정말 대단하다
고 느꼈습니다.

이창동   제가 연출력이 있다고 생각하지 않지만, 그나마
제게 있는 연출력은 캐스팅하는 능력인 것 같아요. 제가 그건
잘해요. (웃음) 송강호 씨와 전도연 씨는 '밀양' 전에 이미 만
들어진 상태였으니 논외이지만, 사실 설경구 씨와 문소리 씨
를 만난 것은 운이라고 할 수 있어요. '밀양'에 나오는 그 많
은 조·단역들도 꼭 누가 이 영화에 출연할 수 있도록 예비해
둔 것 같은 느낌까지 든다니까요. 캐릭터를 만드는 것도 일종
의 창조 행위라고 한다면, 생명체를 만드는 것은 계산이 아니
라 운명으로 되는 것이라고 생각합니다. 영화를 만들다 보면
그런 생각이 자주 들어요. 함께 작업하는 구성원들뿐만 아니
라 그 시간과 그 공간까지도 하나의 운명체라는 느낌이죠.

이동진   현장에서 연기 지시를 구체적으로 내리시지는
않는다고 들었습니다. 배우에게서 어떻게 연기를 끌어내시
는지요?

이창동　　　연기를 연출한다는 게 정말 어려운 거죠. 기본적
으론 인간을 다루는 일이기 때문에 어렵다고 생각해요. 인간
관계만큼 어려운 게 없잖아요. 제가 제일 중요하다고 여기는
것은 제게 오만함이 없어야 한다는 겁니다. 제가 미리 정답을
갖고서 배우를 끌고 가지 않아야 한다는 거죠. 연기는 결국
배우에게 맡겨야 한다고 봅니다. 감독이 구체적으로 연기 지
시를 하면 배우가 만들 수 있는 것을 한정 지을 위험성이 종
종 생깁니다. 현장에선 사실 어디까지 배우에게 틀을 만들어
주거나 열어줄 것인지 판단하는 게 어려워요. 늘 헷갈리고 실
수하죠.

이동진　　　같은 장면을 다시 찍을 경우, 왜 다시 찍는지 설
명하시는 편인가요?

이창동　　　저는 왜 다시 찍는지 설명하는 편이라고 생각해
요. 그런데 배우 입장에서는 그게 설명이 아니라고 받아들이
는 경우가 많아요. (웃음) 객관적인 연기 기준으로는 괜찮은
데도 제가 아니라고 말하면 당황하겠죠. 내가 말하는 이유가
모호하고 분명치 않으니까. 목소리가 너무 높다든지 포즈가
너무 길다는 식으로 말하지 않고 애매모호한 느낌으로 이야
기하니 당황스럽겠죠. 송강호 씨는 저 같은 연기 디렉션을 좋
아하는 편이에요. 전도연 씨는 좀 거북해했죠.

이동진   '박하사탕'의 마지막 장면에서는 스무 살 영호가
자신의 꿈을 말하는 대목이 나옵니다. 그건 이름 없는 꽃들을
카메라로 찍고 싶다는 꿈이었는데요, 제겐 그 꿈이 감독님 자
신의 창작자로서의 꿈처럼 여겨졌습니다. 감독님의 영화 속
인물들은 하나같이 다 평범한 사람들이지요. 심지어 가해자
들까지도 그리 대단한 사람들이 아닙니다. 영화감독으로서
그런 평범한 사람들의 삶을 찍고 싶으신 것인지요?

이창동   그럴 수 있어요. 그리고 이름 없는 꽃들을 찍고
싶다는 말엔 또 다른 의미도 있죠. 그건 찍는 사람 나름대로
그 이름 없는 꽃들을 의미화하고 싶다는 것이기도 하니까요.
보편적으로 본다면 사진을 찍는다는 행위는 흘러가는 것, 없
어지는 것을 포착해서 영원화하는 거잖습니까. 그 또한 예술
가적 자의식이라고 할 수 있지요. 영화란 어쨌든 이미지를 다
루는 매체이니까, 제가 이 땅에서 영화를 찍는 것에는 의미
없어 보이는 것에 나름대로 의미를 찾아주고 싶어 하는 욕망
이 담겨 있을 거예요. 찰나적으로 스쳐가는 것에 영원성을 부
여하려는 허망한 노력이죠. 남들이 쉽게 의미를 부여하는 것
에 대해서는 제가 굳이 안 해도 된다고 생각하는지도 몰라요.

에세이

피해자의 오만과 숭고한 실패

정희진

• 정희진은 여성학, 평화학 연구자이다. 지은 책으로 《페미니즘의 도전》, 《혼자서 본 영화》, 《아주 친밀한 폭력》, 《정희진처럼 읽기》, 《낯선 시선-메타 젠더로 보는 세상》과 《영화가 내 몸을 지나간 후》, 《새로운 언어를 위해서 쓴다-융합과 횡단의 글쓰기》 등 다섯 권의 글쓰기 시리즈가 있다. 그 외 70여 권의 공편저를 썼고, 월간 오디오 매거진 '정희진의 공부'를 발간하고 있다.

경험 안에서는 사물과의 조우, 충돌, 갈등으로 인하여 자의의 세계가 크게 흔들리고, 그곳에서 지진이 일어나 희망적 관측이 혼란에 빠지고, 욕구는 혼돈 속으로 던져진다. 그 혼돈이 초래한 고통의 시련을 거쳐 욕구 혹은 희망이 재형성되는 과정이 행해진다.

— 후지타 쇼조(藤田省三)

착한 자보다 약한 자가 되어라.

— 프리드리히 니체(Friedrich Nietzsche)

이 글은 다소 단정적으로 쓰였다. 나는 선과 악의 뚜렷한 구분을 원한다. 당대 악의 지배는 "무엇이 선악인가?"라는 본질적 질문을 넘어섰기 때문이다.

고통은 인간의 조건이다. 어떤 이들은 고통을 삶의 방식(way of life)으로 삼는다. 고통을 직면하고 재해석하려는 노력, 이것이 공부이고 예술이다. 고통에는 위계가 있다. 예를 들어 내가 사랑하는 이가 어떻게 죽었는가(살인, 자살, 사고사, 자연사 등)에 따라 상실의 감각은 다를 수밖에 없다. 각각의 고통에는 차이가 있고 언제나 더 고통스러운 고통이 있다. 그 위계는 사회적 통념 때문일 수도 있고 고통받는 사람의 개별성으로 인한 것일 수도 있다. 어쨌든 아무리 고통이 주관적이라 해도, 고통의 크기는 같지 않다.

고통은 생물학적이고 동시에 사회적이다. 어린 나이에 암으로 사망하는 이들처럼 인명재천(人命在天)의 영역이 있고, 인재(人災)로 인한 참사나 범죄 피해자들은 사회 구조의 피해자이다. 후자에 대해 사람들은 '진실 규명', '구원', '용서', '평화' 등의 언어를 동원한다. 나는 이런 상황이 부정의하다고 생각한다. 진실이나 용서는 실재하지 않으며, 그런 단어에 대한 과도한 의미 부여는 피해자에 대한 '2차 가해'가 되는 경우가 많다.

사람들은 현실 대신 아름다운 말을 좋아한다. 의심의 여지가 없다고 여겨지는 익숙한 아름다움은 인간과 사회를 망친다. 고통의 반대편에 선 바람직한 일(화해, 안정)들은 정작 피해 당사자들이 아니라 사회가 원하는 바다. 피해자에게 용서와 구원은 가능하지 않은 인간성이요, 권선징악은 희망 고문이다.

고통의 위계가 부상의 정도로 정해지는 것이 아니라면, 인간의 고통 중에서 가장 큰 고통은 가부장제가 여성의 성역할로 강제한 '제도로서의 모성'이다. 그래서 고통에는 두 가지 종류밖에 없다. 아이를 잃은 어머니의 고통과 그 외 나머지 고통이다. 아버지에게 아이의 죽음은 미래의 상실을 의미하지만, 일상적으로 아이를 돌봐온 보살핌 행위자(caregiver)인 여성에게는 삶이 중단되었으나 죽지는 않은 상태, 즉 살아 있는 죽음(living dead) 상태이다.

세월호 유족 어머니들이 하루 종일 뜨개질을 하는데, 그 엄청난 속도에 놀란 적이 있다. 살아 있음을 잊기 위한 노동의 생산성은 엄청났다. 살아 있지만 정신은 몸 밖으로 나갔다. 어디에도 마음을 둘 곳이 없는 이들이, 숨만 잇고 있었다. 그래도 그들은 고통을 경험한 몸이 자아와 연결된 경우다. 죄의식과 그리움, 비극 이후의 삶을 살아내야 하는 두려움으로 다른 대상에 중독된 경우가 더 많다. 종교, 술, 중노동, 그리고 자살……

나는 자녀의 죽음이 자기 탓이라고 생각하고, 매일 20층 아파트 계단을 오르락내리락하며 청소로 하루를 보내는 칠십 대 여성을 알고 있다. 나는, 여러 남성에게 윤간당하는 도중 자신의 갓난아이가 울어대자 "시끄럽다."며 아기를 쏴 죽인 가해자들과 일주일간 생활한 여성을 알고 있다. 결국 그녀는 자살했는데 누군가 내게 물었다. "아이 때문일까, 성폭행 때문일까?" 이 질문의 폭력성에 분노한다. 그리고 그녀가 자살하는 것 외에 다른 삶이 가능한지 되묻고 싶다.

《나는 가해자의 엄마입니다》의 저자 수 클리볼드는 학교 총기 난사의 전범이 된 사건, 1999년 미국 콜로라도주 콜럼바인 고등학교에서 13명을 살해하고 24명에게 부상을 입힌 후 자살한 17세 소년 딜런의 어머니이다. 이 책의 독특한 점은 저자가 자신을 '대학살 사건 가해자의 엄마'가 아니라 '청소년 자살 예방 활동가'로서 이상하리만큼 강력한 정체성과 사명감으로 산다는 사실이다. 책도 활동가의 관점에서 쓰였다.

나는 이 책을 읽고 내 인생의 책이 아니라 내 인생의 저자가 더 중요하다는 사실을 알았다. 원제는 이도 저도 아니게 복합적이다(*A Mother's Reckoning-Living in the Aftermath of Tragedy*: 어떤 엄마의 탐구-비극 이후의 삶).* 이 책은 좋은 의미든 아니든, 이전과 다른 사람이 되지 않고서는 살 수 없는 고통에 관한 이야기이다.

문명은 자원을 둘러싼 가해와 피해의 역사이고, 가해자의 승리는 완벽한 법이다. 그래서 가해자다. 피해 사실은 돌이킬 수 없고―투쟁하는 피해자도 드물지만―투쟁 과정에서 피해자의 몸은 무너지기 때문이다. 이겨도 일상을 회복할 수 없다. 피해자가 법정에서 이겼더라도, 정권이 바뀌어도 피해 사실은 변하지 않는다.

이는 발터 벤야민이 비판한, 인간의 역사는 "승자(계승자)의 역사"라는 의미가 아니다. 피해의 크기는 다양한 공간에서 변주될 뿐, 피할 수 없는 인간사다. 피해는 사건이지, 정체성이 될 수는 없다. 하지만 피해자에게 그 순간은 몸에 체현(embodiment)되어 자기 존재의 일부가 된다. 특히 '극적인', '심각한' 고통은 피해자에게 정체성을 부여한다. 집단 정체성과 르쌍띠망(Resentment; 원한)의 정치는 피해자가 살 수 있도록 도와준다. 민족주의나 인종주의, 여성주의가 대표적

• 부제 번역은 내가 한 것이다. 'reckoning'에는 궁금하다는 의미가 있다.

　　　　　　　　　　　　　밀양 각본집

인 피해자 정체성의 정치인 이유다.

인간의 상처는 타인과의 대화, 말로서만 독해 가능한 영역이다. 말하는 자와 듣는 자 사이를 왕복하는 흐름으로부터 새로운 지식(말)이 생기고, 말이 몸을 변화시킨다. 이것이 프로이트의 심리 치료(talking cure)의 시초였다. 그러나 성공 사례는 드물다. 피해자의 경험은 이 글의 서두에 인용한, 후지타 쇼조의 말대로 "지진(地震)" 상태이기 때문이다. 인간의 재현 행위는 근본적으로 불가능하고 피해자는 자신을 객관화시킬 수 없다. 피해자의 말도 가해자의 언어의 세계에서 자유롭지 않다. 순수한(pure) 말은 없다.

고통의 재현은 본인이든 아니든 본디 불가능의 영역이다. 개별적인 몸을 가진 우리는 타인의 고통을 이해할 수 없으며, 언어는 언제나 사건보다 늦게 도착한다. 현실(present)은 쉴 없이 지나가고, 흘러가는 순간들이지만 재현(re-presentation)은 엄청난 사유와 지식이 필요하다. 여성주의가 가장 쉬운 예다. 성차별은 5000년이 되었지만, 그것을 설명하는 언어는 약 1세기 전부터 시도되었다. 여성운동은 어느 사회나 30년 이상 지속되지 못하는 취약한 시도다. 여성주의는 현실과 언어가 맺는 역사성의 전형을 보여준다. 장애인의 언어? 말할 것도 없다.

고통을 언어화할 수 없으니, 사람들은 가해자를 이해하려고 노력한다. 인식('이유를 아는 것')은 고통을 줄여주고, 나를 덜 비참하게 하기 때문이다. 내가 뭔가 잘못했다면, 적어도 나는 사람의 영역에 속한다. 하지만 아무 잘못도 하지 않았는데 피해를 입었다면, 나는 누군가가 아무렇지도 않게 처리할 수 있는 대상일 뿐이니 이보다 더한 비참이 없다. 상처를 줄이기 위해서는 내 탓, 즉 가해자와 내가 반드시 인과 관계로 묶여야 한다. 이것이 피해자와 사회가 품는 "왜"의 이유다.

그러나 가해자를 이해하려는 순간 또 다른 트라우마가 시작된다. 보통 명사 '악'은 원래 이해 불가능한 인간사이기 때문이다. 악은 그냥 일어난다. 가장 근접한 답은 이것이다. 범죄 드라마에 자주 나오는 대사, "그냥 할 수 있었고, 아무도 막지 않았다(I just did it, because I could. No one stopped me)."

더구나 이해(理解)는 상대방의 밑에 서야 보인다(under/stand). 아주 밑에서 겸손하게. 그러나 악의 일부인 인간은 악 위에서 잘난 체하며, 그것을 물리치려고 한다. 당연히 영화 속의 주인공 신애는 실패한다. 숭고한 실패. "악마를 어찌 이해할 수 있을까. 이토록 경건한 무기력이 어디 있을까. 이토록 숭고한 실패가 또 있을까. 가능성의 끝까지 파본 사람만이 진정으로 가질 자격이 있는 절망. 악을 이해해보려고 하는 이 피눈물 나는 헛수고 앞에서 나는 삼가 옷깃을 여민다."*

─────────────

• 《나는 가해자의 엄마입니다》에 대한 박찬욱 감독의 서평 중 일부.

법과 복수는 같은 말이다. 법은 공적인 기준이고 복수는 법 밖의 정의이다. 그나마 법으로부터 보호받는 피해자는 일부다. '밀양'에서는 가해자가 법적 처벌을 받는다는 전제에서 출발하는 데다 누구나 신애의 고통에 공감하고, 피해자를 향한 비난이 없다는 점에서 '덜 지독한' 텍스트다. 현실에서는 그렇지 않다. 대부분의 피해자는 매장당하거나 감옥에 가고 '암에 걸려 죽을 것' 같다.

그래도 공평한 세상일까. 피해자에게도 자원이 있다. 유일한 자원, 도덕적 우월감이다. 그러나 이 자원은 피해자가 됨으로써 자동으로 얻어진 것이기 때문에 피해자의 성장 불가능성, 즉 진짜 피해이기도 하다. 피해자의 성찰은 가해자의 회개, 사회적 처벌만큼이나 일어나지 않는 일이다. 이 우월감은 특정 사건에서 단지 가해자가 아니기에 부여된 피해자 정체성으로부터 나오는 것이지, 본질적으로 윤리적인 사람은 없다.

'밀양'은 악인을 대타자(주님)의 힘을 빌려 통제할 수 있다는 피해자의 오만과 그 실패다. 아이를 잃은 신애는 세상에서 가장 고통받는 피해자이며, 정의롭고 심지어 권능하다. 그래서 자신이 가해자를 통제하고 용서할 권한이 있다고 생각한다. 신앙의 힘으로 잠시 구조된 듯한 그녀가 교인들과 다과를 나누면서 의기양양하게 소회를 밝힌다.

"하나님이 제게 구원을 주셨으니, 저도 그분께 뭔가를 드려야겠어요."

가해자를 용서하겠다는 의미다. 나는 이 장면에서 가장 충격받았다. 동시에 이 영화에서 가장 빛나는 장면이라고 생각한다. 신애는 '하나님'과 동급이다. 이후 그녀가 '망가지는' 장면들은 악과 대적한 결과다.

'밀양'의 원작은 이청준의 단편소설 〈벌레 이야기〉(1985)이다. 이창동 감독은 1988년에 이 소설을 "광주 항쟁에 관한 이야기로 읽고" 반드시 영화화하기로 결심했다고 한다. 소설과 영화의 내용은 다소 다르지만, 가해자의 말은 같다. 가해자는 피해자의 가족에게 "제 영혼은 이미 아버지 하나님께서 사랑으로 거두어주실 것을 약속해주셨습니다. (…) 저는 그분들의 희생과 고통을 통하여 오늘 새 영혼의 생명을 얻어 가지만, 아이의 가족들은 아직도 무서운 슬픔과 고통 속에 있을 것입니다. 저는 지금이나 저세상으로 가서나 그분들을 위해 기도할 것입니다."라고 간증하고, 이 말을 들은 아이 엄마는 자살한다.[*]

이처럼 가해자는 사건와 무관하기 때문에(상처가 없기 때문에) 자아가 훼손되지 않는다. 스스로 법을 정해 구원받고, 피해자를 걱정하는 식으로 사건을 관장하는 자리에 오른다.

---

* '밀양'에 대한 나의 다른 글은 정희진,《혼자서 본 영화》(교양인, 2018)에 수록되어 있다. 이 글은 새로 쓴 것이지만, 이 부분은 그 글에서 가져왔다.

나는 마음의 평화, 죄의식 없는 권력, 아름다운 이별 따위를 원하는 인간의 속성이야말로 악의 근원이라고 생각한다. 구원과 용서를 바라는 피해자와 가해자도 마찬가지다. 세상은 나를 버리는 과정에서만 해방되는 어려운 곳이다(독일 영화 '타인의 삶'[2006]은 이를 표현한 걸작이다). 인간은, 우리는 아무것(nothing)도 아니다. 자아는 갑옷이다.

특히 피해자는 절대로 구원받지 못한다. 피해자와 가해자는 사건 당시 힘의 관계에 의해 각자 다른 자리(position)를 부여받는다. 그들은 구조적으로든 운명적으로든 각자 '거기에 있었다.' 영화 후반 미용실 장면에 등장하는 소녀 역시 가해자의 딸이라는 원치 않는 자리에서 형벌 받고 있다.

용서, 구원? 이는 몸의 훼손을 알지 못하는 자들의 용어이다. 피해는 재해석(dis-covery)될 수는 있어도 사건 이전으로 회복(回復, re-covery)될 수 없다. 하물며 재해석도 어느 세월에……? 재해석, 즉 새로운 지식이나 해방의 언어가 생산될 수 있는 사회적 역량을 갖춘 공동체는 많지 않다. 피해자가 고통을 벗어날 수 있는 방법은 없다. 그들의 고통을 다루고자 하는 예술가가 있을 뿐이다. 나의 유일한 위로는 윤리적인 지식인 이창동의 존재다. 나는 그에게 의지한다.

인터뷰 II

특별하지 않은 삶에 던지는 질문

김영진×이창동

• 김영진은 영화평론가이자 명지대학교 예술학부 교수이다. 1992년부터 영화 평론을 시작했으며,《씨네21》기자,《필름2.0》편집위원, 전주국제영화제 수석 프로그래머로 활동했다. 2020년 단편영화 '어젯밤 손님'을 연출했고, 2021년 영화진흥위원회 위원장을 역임했다. 지은 책으로《순응과 전복》,《평론가 매혈기》등이 있다.

• 이 인터뷰는 2011년에 진행된 것으로, 전 세계의 중요한 고전영화와 예술영화 들을 엄선해 DVD/블루레이로 출시하는 '크라이테리언 컬렉션(The Criterion Collection)'에 '밀양'이 포함되었을 때 부가영상(supplement)으로 수록되었다. 크라이테리언 컬렉션 부가영상에는 이창동 감독의 답변만 편집되어 있으나, 이 책에는 김영진이 당시의 질문을 되살리고 앞부분에 새롭게 글을 추가하여 갖춰진 형태의 인터뷰를 수록하였다. 이 인터뷰 텍스트는《밀양 각본집》을 통해 최초로 발표되는 것이다.

참여정부 시절 문화부 장관으로 봉직하며 뉴스의 중심에 곧잘 오르내렸던 이창동 감독은 장관직에서 물러난 후 한동안 세인들의 시야에 좀처럼 나타나지 않았다. '어느 소도시에서 벌어지는 덤덤한 러브 스토리'라고만 알려진 내용의 시나리오를 탈고하고 송강호와 전도연이라는 빅 스타를 캐스팅해 경상도의 밀양에서 "Secret Sunshine"이란 영문 제목을 단 새 영화의 촬영에 들어갔을 때도 언론을 통한 홍보는 전혀 없었다. 당시까지 이창동의 페르소나라 여겨졌던 설경구와 문소리가 출연하지 않는 이 영화 '밀양'은 이창동의 복귀작이라는 기대를 모았지만, 정작 당사자는 그런 기대에 무심했다.

'밀양'이 칸 국제영화제 출품을 앞두고 있던 2006년 3월 말, 나는 칸에서 처음 배포될 이창동 감독 평론집의 영문판 집필을 거의 마치고 신작 '밀양'에 관한 정보를 넣기 위해 인터뷰를 청했다. 사전에 슬쩍 '밀양'의 가편집본을 볼 수 없겠느냐고 영화사 관계자에게 물었더니 불가능하다는 답변이 돌아왔다. 하는 수 없이 이창동 감독을 대면해 장님 코끼리 만지듯이 영화의 실체를 더듬어볼 수밖에 없었다. 그날 인터뷰 장소였던 카페는 오랫동안 전기가 나갔고 어둠침침한 공간에서 우리는 대화를 나눴는데, 구체적인 얘기가 하나도 오가지 않았는데도 자리에는 긴장이 감돌았다.

당시 이창동 감독은 자신의 신작에 쏟아지는 영화계의 기대에 노골적으로 시큰둥했다.

"오랜만에 하니까 감도 떨어진 것 같고……, 그냥 노멀해요. 더 노멀하지 못해 불만이야……. 편집을 끝내고 나서도 더 단순하게 갈 수는 없었을까 불만이지."

그는 이날 '밀양'에 관해 "평범하다."는 말을 수시로 강조했다. 그게 이 영화의 미학적 비밀은 아닐까 직업 정신을 발휘해 강세를 찍으려 대화를 몰고 가자 그는 거듭 제지했다.

"그 노멀이라는 말이 정신을 번쩍 들게 하는데요. 영화가 갑자기 되게 궁금해지네……."

"아니, 말 그대로 노멀하다니까. 다른 뜻은 없어요. 이 영화에는 폼 나게 영화적인 장치가 없어요. 그냥 평범하게 찍었어요. 보면 다 알게 돼 있어. 노멀해야 돼요, 영화의 성격이. 나는 더 단순해지는 방법은 없었을까 지금도 후회를 해요."

'밀양'은 칸 국제영화제에서 공개된 후 여우주연상(전도연) 수상을 포함해 비평적으로 큰 상찬을 받았고 이창동의 영화가 늘 그랬듯이 영화 속 상황의 극적 충격에 반응하는 평자와 관객의 윤리적 입장에 따라 적지 않은 논란을 불러일으켰다. 감독 본인이 '평범하다.'고 강조했던 수사는 빈말이 아니었다. 촬영과 편집은 극적 수식이 극도로 절제되어 있었고, 담담함을 고수하는 카메라의 태도가 영화 속에 담긴 삶과 죽음, 구원과 용서의 면면에 대해 그 어떤 구획 정리도 거부하기 때문에 오히려 충격이 컸다.

아래의 대담은 '밀양'이 개봉한 때로부터 5년 후인 2011년 미국의 크라이테리언(Criterion)사가 기획한 블루레이 컬렉션 출시에 맞춰 진행한 것이다. 영화사에 등재된 고전을 비롯해 전 세계 영화감독들 가운데 거장급의 영화들만 출시하는 것으로 명성을 쌓아온 '크라이테리언 컬렉션'에 포함된다는 사실만으로도 큰 화제가 되었던 기획이었다. 이날 이창동은 개봉 당시에는 하지 않았던 얘기를 포함해 보다 더 근본적으로 '밀양'과 영화에 대한 자신의 비전을 구체적으로 들려주었다.

김영진　'밀양'은 이청준의 단편소설 〈벌레 이야기〉에서 모티브를 취한 영화입니다. 그 소설은 유괴로 아이를 잃은 여인이 기독교 신앙에 투신해 구원을 얻었다고 생각하지만 유괴 살인범을 찾아가 용서해주려고 하자 그 유괴 살인범도 이미 기독교 신앙을 갖고 하나님께 용서를 빌었노라고 말하는 데서 배신감을 느낀다는 줄거리인데요.

이창동　〈벌레 이야기〉는 당시의 시대 상황에 비춰보면 명백히 광주 민주화 항쟁에 관한 메타포를 담고 있어요. 하지만 영화 '밀양'은 그런 정치적인 메타포를 담은 것은 아니고 아주 평범한 사람의 평범한 일상에 천착하는 이야기입니다. 일단, 한 여인이 유괴로 아이를 잃는 모티브는 같습니다. 하지만 전개 방식은 다르죠. 이 영화는 사건에 방점을 찍는 게 아니라 사건 이후에 방점을 찍습니다. '밀양'이 공개되기 전에는 원작 얘기를 굳이 꺼내지 않았어요. 관객에게 괜한 선입견을 주기 때문이죠. 당시 유괴를 다룬 다른 한국 영화도 꽤 있었기 때문에 관객이 어떤 틀을 갖고 이 영화를 대하지 않았으면 하는 노파심이 컸죠. 이 영화에서 모티브는 중요하지 않습니다. 충격적인 사건이 나오지만 여주인공은 영화 중반에 이미 그걸 극복합니다. 영화는 여주인공의 그 이후 모습에 초점이 맞춰져 있습니다. 여주인공의 주변을 카센터 하는 남자가 배회하며 은근한 연모의 정을 품는데, 그것도 딱히 연애라고 부를 것은 아닙니다. 그 심심한 일상을 찍는 거죠. 나는 아주 단순하게 찍으려고 했어요.

김영진　'밀양'이란 도시를 이야기의 배경으로 택한 이유가 궁금합니다. 감독님이 잘 아는 공간이라서입니까?

이창동　처음에 구상한 것은 어떤 '사건'에 관한 이야기가 아니라 어떤 '공간'에 관한 이야기였습니다. 특별하지도 않고 우리 주변에서 흔히 볼 수 있으며 바로 우리가 살고 있는 것과 같은, 어떻게 보면 보잘것없다고 말할 수도 있는 평범한 삶의 세목—디테일—들에 대해서 생각하게 되었죠. 그래서 밀양이라는 그야말로 한국의 전형적인 소도시, 특별할 것이 없는 공간을 배경으로 하게 되었어요. 사실 밀양은 제가

　　　　　밀양 각본집

자란 도시에서 가까운 곳이기도 합니다. 어린 마음에도 그 이름이 굉장히 흥미로웠어요. 왜 그렇게 시적(詩的)인 이름이 붙어 있을까, '비밀스러운 햇볕'[密陽]이라는 게 도대체 무엇을 상징하는 것일까……. 저에게는 그것이 우리의 어떤 삶의 공간을 상징하고 있는 것처럼 느껴졌습니다. 그래서 '밀양'이라는 이름을 가진 바로 그 공간이 중요했고, 또 필요했던 것이죠.

그 공간이 중요하다면 결국 거기에 살고 있는 '사람'이 중요하다는 뜻인데, 그래서 당연히 '밀양'에 나오는 배우들 또한 그 지역에 사는 사람이기를 원했습니다. 그래서 출연하는 대부분의 배우들은 경상도 그 지역의 일반인들 또는 그 주변 지역에서 활동하는 연극배우들을 캐스팅했습니다. 심지어 엑스트라로 출연하러 왔다가 비중 있는 배역을 맡은 사람도 있었지요. 그들이 원래 살고 있는 삶의 모습, 삶의 뉘앙스……. 그런 것들을 어떻게 하면 훼손하지 않고, 연출되어 보이지 않는 상태로 영화 속에 데려올 것인가, 그 목표에 대체로 맞추어져 있었습니다.

김영진 전도연 씨가 연기하는 주인공 캐릭터 신애가 좀 유별납니다. 처음부터 그는 남들을 내려다보는 위치에 서려고 합니다. 서울 살다가 남편을 잃고 아이와 함께 지방에 내려온 재력 있는 사람인 척하면서 이것저것 아는 척하는. 이를

테면 남의 가게에 들어가 인테리어에 관해 훈수를 두기도 하고, 실은 돈이 없으면서도 땅을 살 것처럼 보러 다니기도 하고. 그러다 아이를 유괴로 잃게 되면서 남들이 자신을 지켜보는 상황이 되자 혼란을 느낍니다. 그러니까 신애는 남들에게 자신이 어떻게 보일까를 의식하면서 살아가는 전형적인 한국인의 초상이 아닐까 생각합니다. 자기 삶의 알맹이랄까 또는 주체성이 없고 거기서 오는 공허가 그녀를 힘들게 하고 있다는 생각이 들었습니다. 이런 식의 수용에 대해서는 어떻게 생각하십니까?

이창동　　이 영화가 삶에 대한 영화라고 한다면, 결국에는 우리네 평범한 삶, 삶의 세속성을 말할 수밖에 없잖아요. 뭔가 거창한 의미나 가치가 있는 것이 아니라 밥 먹고 똥 싸고 하는 평범한 삶으로서 세속적인 것, 어쩔 수 없이 현실적으로 살아가야 하는 것들이겠죠. 그런 세속성은 삶의 문제와 따로 떨어져 있는 것이 아니라 붙어 있습니다. 그런데 영화 속에는 세속성에 대한 두 가지 태도가 있습니다. 하나는 그야말로 누가 봐도 속물이라고 할 수 있는 종찬이고, 또 하나는 그 세속성을 지극히 경멸하는 인물인 신애입니다. 그런데 과연 그렇게 세속성을 경멸하면서 뭔가 스스로 세련되고 싶어 하고, 뭔가 의미 있는 존재가 되고 싶어 하고, 뭔가 특별한 존재가 되고 싶어 하는 신애는 그 세속성에서 얼마만큼 다를까요. 또 얼마나 거리를 두고 있을까요.

다른 한편으로 신애에게는 자기 삶이 의미가 있었으면 좋겠다는 강렬한 욕구가 있습니다. 그것이 종종 공허한 세속성으로 보이기도 하지만, 좀 더 근원적으로는 자기 삶이 그냥 의미 없는 삶이 되는 것을 받아들이지 못하는 것입니다. 자기 삶을 의미화하려고 노력하는 것이라고도 볼 수 있죠. 이를테면 범인의 딸과 미용실에서 만나는 장면은 신애가 자기도 모르는 의미를 거부하는 대목입니다. 한 사람은 가위질을 하면서 머리를 잘라주고, 신애는 거기에 머리를 맡기고 있어요. 그 미용실 분위기가 얼마나 평화롭습니까? 자기 아이를 살해한 범죄자의 자식이지만 아이는 또 무슨 죄가 있겠어요. 게다가 그 아이는 피폐해졌고 힘들게 살아가고 있어요. 거기서 충분히 화해할 수 있죠. 화해하면서 위로받고, 또 용서해줌으로써 다시금 의미를 찾을 수도 있습니다. 그처럼 우리의 삶에서 조우하는 극적인 무언가가 아마도 어떤 의미일 수 있습니다. 관객이 원하는 의미를 부여하는 것은 종교의 역할일 수도 있고 신의 역할일 수도 있습니다. 그것을 더 알기 쉽게 관객들에게 전해주는 게, 말하자면 영화의 방식입니다. 보통의 방식인 셈이지요. 신이 역사해서인지 아니면 삶의 어떤 아름다운 순간을 마주해서인지는 모르지만, 관객은 눈물을 흘리고 의미를 부여하고 그 의미를 받아들이게 됩니다. 그게 영화의 역할이죠. 하지만 저는 그러고 싶지 않았습니다. 물론 그럴 수도 있었겠지만 그걸 부정할 만큼, 그걸 거부할 만큼 강한 인간의 의지를 보여주고 싶었고, 사람들이 쉽게 원하는 그 의미를 한 번 더 질문으로써 관객들에게 되돌리고 싶었습니다.

김영진 　말씀하신, 신애가 가해자의 딸과 미용실에서 조우하는 장면 말입니다. 저는 시나리오로 이 장면을 읽을 때 울컥 슬픔이 느껴졌습니다. 그때까지 신애와 가해자의 딸이 조우하는 장면은 여러 차례 반복되었고 가해자의 딸이 신애에게 죄의식을 느끼고 사죄하고 싶다는 느낌은 은밀하지만 깊게 관객에게 전달됩니다. 미용실 장면에서 그런 정서적 연대는 증폭될 수도 있었을 겁니다. 하지만 신애가 보여주는 모습은 관객이 그런 감정적 고양을 느낄 겨를이 없게 할 뿐만 아니라 감독님의 연출도 그럴 가능성을 원천적으로 차단하고 있습니다. 감독님 말씀대로 관객이 눈물을 흘리고 의미를 부여하고 받아들이게 하는 영화의 역할을 거부하는 인간의 의지를 보여줍니다. 좀 다르게 표현하면 신애는 관객이 원하는 대로 진화하는 캐릭터는 아닙니다. 신애는 신애 캐릭터 그 자체로 존재합니다. 그런 반면 송강호 씨가 연기하는 종찬은 관객에게 의미 있게 변해가는 캐릭터로 다가옵니다.

　그들이 믿는 신과 관련해서도 처음 접신한 듯했던 신애는 신을 도구 삼아 자신의 관용을 증명하고 평온을 얻으려 했던 반면, 그러나 그게 여의치 않자 신을 저주하고 신에게 대들었다면, 종찬은 신애를 따라 아무 생각 없이 종교를 가졌지만 어떤 독실한 신자보다 신앙인다운 삶을 실천함으로써 진화하는 인간인 것처럼 보입니다.

이창동   저는 '밀양'이 종교 영화는 아니라고 생각하고 만들었습니다. 종교에 관한 질문을 하고 있긴 하지만 질문을 하는 인간에 관한 이야기이지 종교 자체에 관한 이야기는 아니죠. 그러나 어떤 사람에게는 이것이 신에 관한 영화라고 받아들일 수도 있다고 생각해요. 어떤 측면에서는 종찬이라는 인물이 신애가 바라보면서 맞서는 신의 다른 대답일지도 몰라요. 우리는 신이 어떻게 생겼는지, 어떤 존재인지 모릅니다. 즉 신애가 바라보는 대상은 멀리 있는 어떤 존재, 눈에 보이지도 않으며 심지어는 있는지 없는지도 모르는 존재이지요. 그런데 종찬은 신애의 바로 뒤에 실제로 존재하고 있어요. 신애의 바로 뒤에서 말이죠. 신애는 앞을 보고 있지만, 돌아보면 종찬이 보이죠. 또한 신애는 삶의 의미를 질문하고 있지만, 정작 자기 앞에 놓여 있는 것은 삶의 현실이잖아요? 종찬은 자기 앞에 놓여 있는 삶의 현실 그 자체를 체화하고 있는 존재라고 할 수 있죠. 종찬은 아주 속물적인 인물이긴 하나 어쩌면 그 이상이죠.

김영진   말이 나온 김에 캐스팅에 대해서 질문하겠습니

다. 전도연, 송강호 왜 그 두 배우를 캐스팅하셨나요? 그리고
결과에 대해선 어떻게 생각하십니까?

이창동   신애라는 인물은 스스로에게도 자기 내면이 무
엇보다 중요합니다. 아마 그녀는 자존심이 강해서 요란스럽
게 머리를 하거나 얼굴을 꾸미거나 옷을 입지도 않을 거예요.
그러기에는 자존심이 너무 강한 여자입니다. 그렇다고 아무
렇게나 하고 다니는 것도 아니지만, 어쨌거나 그녀에게는 내
면이 중요해요. 그런 인물이기에 배우 자신의 내면 또한 중요
하죠. 전도연 씨는 어떤 점에서 굉장히 스마트한 배우입니다.
관객들이 쉽게 이해할 수 있는 방식의 연기에 익숙하고, 그런
점에서 거의 달인이라고 할 수 있죠. 그런데 제가 생각했던
전도연이란 배우는 그가 감싸고 있는, 그러면서 숨기고 있는
내면이 아주 흥미로운 사람이었어요. 겉으로는 강해 보이지
만 사실은 그 강함이 상처 입기 쉽고 여린 내면을 부둥켜안고
있다고 느꼈습니다. 그런 전도연 씨의 캐릭터가 신애의 내면
과도 많이 닮아 있다고 생각했어요.
    송강호 씨는 그 지역의 이웃에 그냥 살고 있을 것 같은 인
물이죠. 그러면서도 한편으로 송강호 씨는 굉장히 계산적인
연기를 합니다. 제가 보기에 송강호 씨의 연기는 또 다른 측
면에서 신애 못지않게 훌륭하다고 생각해요. 사실 외국 관객
들은 잘 모를 텐데, 종찬이라는 인물을 느낄 수 있는 가장 큰

요소가 사투리에 있습니다. 그 사투리도 영화나 TV 드라마에서 흔히 보고 들을 수 있는 사투리가 아니에요. 그야말로 '오리지널 리얼리티' 사투리죠. 송강호가 아니면 구사할 수 없는 굉장히 예리한 뉘앙스를 구사하고 있고, 그런 것들이 종찬이라는 캐릭터의 속물성과 현지성을 보여줍니다. 그 두 배우의 조합은, 더 이상 좋은 것을 구할 수 없는 조합이라고 생각합니다. 제가 딴 건 몰라도 캐스팅은 잘하니까요. (웃음)

김영진　　감독님의 촬영 현장은 늘 치열한 것으로 소문이 나 있었는데요. 배우 문소리 씨가 말하길 감독님과의 작업은 '고난의 시간'이라고. (웃음) 배우들의 가슴에 들어 있는 것을 코너에 몰아놓고 꼼짝 못 하게 한 다음에 모든 걸 인정하고 직시하고 포기하게 한다는데요. 배우들에게는 뒤로 넘어갈 만큼 힘든데도 끝나고 나면 마약처럼 다시 하고 싶어지는 그런 작업이라는 것이죠. 문소리 씨의 말에 따르면 "이창동이 현장에서 처음부터 다시 한다고 했을 때 스태프들 누구도 이해하지 못하는 일이 가끔 일어나지만 여하튼 다시 시작할 수 있다는 게 이창동의 힘이다. 자신이 확신했던 것을 의심하고 스스로 상황을 거꾸로 뒤집어 다시 생각해보는 그 힘이 놀랍다."라는 거예요. '오아시스'에 배우로 출연했던 류승완 감독도 나중에 저한테 이런 말을 했어요. 이창동 감독이 배우에게 져주거나 배우를 눌러버리거나 하지 않고 항상 논쟁하면서 그 긴장을 끝까지 팽팽하게 유지한다는 점이 후배 감독으로서 아주 놀라웠던 경험이었다고요.

그런데 '밀양'은 이전 영화들에 비해서 훨씬 촬영장에서의 긴장도가 높았다는 소문이 많았습니다. 봉준호 감독이 촬영장에 격려 방문차 갔다 와서 류승완 감독에게 "절대 가지 마라. 전쟁터 같다."라고 했다더군요. 송강호 씨도 지인들에게 전화가 오면 농담처럼 너무 힘들어서 몸에서 육수가 나올 것 같다고 하소연했다고 합니다. 특히 전도연 씨와 감독님 사이의 팽팽한 긴장이 주변 사람을 힘들게 했다는 증언이 많은데 이제는 그 상황의 전말에 대해 다 말씀해주시죠. (웃음)

이창동 배우와 감독 간의 관계는 작품, 캐릭터, 작업 방식이나 조건에 따라서 조금씩 달라집니다. 전도연이란 배우는 촬영을 하면 사랑을 해야 합니다. 그 에너지가 그를 영화 속 인물로 살아가게 하지요. 그런데 이 영화의 경우에는 사랑을 하든지 미워하든지(미워하는 것도 사랑의 다른 형태입니다. 애증이 붙어 있으니까요.) 선택을 해야 하는 상황이 되어버린 거죠. 신애라는 역할은 누군가를 미워할 수밖에 없는 역할이에요. 신을 미워하는 역할이죠. 눈에 보이지 않는 그 누군가를……. 어쩌면 촬영 현장에서 감독을 미워하는 게 자연스러운 감정의 변화였을 것입니다. (웃음)

또 하나는, 제가 배우에게 요구하는 연기의 방식이 무언가를 표현하는 것이 아니라 그냥 체험하게 한다는 것입니다. "그 감정을 느끼고 체험해라. 체험하기만 하면 어떻게 하든 그것으로 충분한 거다." 그래서 저는 전도연 씨가 신애의 어떤 감정을 어떻게 표현하는가를 말하지 않고 그냥 체험하기를 바랐어요. 아마도 전도연 씨는 이 대목에서는 좀 빨리 했으면 좋겠다든지 목소리가 높았으면 좋겠다든지 표정을 어떻게 했으면 좋겠다든지 하는 디렉션을 원했는지도 몰라요. 배우들은 대개 그런 걸 원합니다. 또 배우들은 자기가 잘하고 있는지 못하고 있는지 확인받기를 원합니다. 저는 그런 식으로 이야기하지 않았어요. 그냥 그 감정을 자기 속에서 체험하기를 바랐죠. 전도연 씨는 훌륭한 배우이고, 자기 자신의 내면이 신애와 너무나 닮아 있기에 정말 무섭고 두려웠음에도 그 감정들을 체험하기 시작했던 것입니다. 말하자면 오늘 도저히 견디기 힘든 감정을 겨우겨우 체험했지만, 오늘로 끝나는 게 아니라 다음 날에는 더 큰 고통의 체험이 기다리고 있는 것이죠. 이런 식이었습니다. 이런 것들이 배우를 힘들게 했고, 그걸 지켜보는 저도 힘들었고……. 그러나 영화가 끝난 뒤에는, 우리 다시 행복하게 사랑의 관계로 돌아가자……. (웃음)

김영진　　현장 스태프들에게 들은 얘기로는 송강호 씨가 연기자로서뿐만 아니라 보이지 않는 조력자 역할을 많이 했다고 하더군요. 감독님의 연출 의도를 잘 받아들이지 못하는 연출부 사람들을 촬영이 끝나면 따로 불러 본인이 생각하는 감독님의 생각을 풀어서 설명해주기도 하면서 현장 분위기를 다독였다고 합니다. 뿐만 아니라 실제 영화 속에서도 송강호 씨가 연기하는 종찬 캐릭터는 영화의 숨구멍 같다고 할까요. 무척 인상적이었습니다.

이창동   송강호 씨는 거의 대부분의 영화에서 주연입니다. 영화 전체의 흐름을 주도적으로 이끌어왔고, 그와 동시에 영화의 성패를 늘 책임져왔습니다. 그래서 그런 것들에 굉장히 예민하지요. '밀양' 촬영 현장은 배우 전도연과 감독의 대결 구도로 되어 있었고, 영화의 내용에서도 종찬의 비중이 상대적으로 작지요. 그럼에도 불구하고 송강호 씨는 종찬이라는 인물이 신애에게서 두어 걸음 뒤로 떨어져서 포커스가 나가 있는 것으로 보이지만 내적으로는 영화의 균형을 잡아주는 역할이라는 사실을 너무나 잘 이해하고 있었습니다.

한번은 "이 영화가 사실은 종찬의 영화다."라고 말하기도 했습니다. 전도연 씨가 오감이 하늘을 향해 열려 있는 예민한 상태로 매 씬, 매 테이크를 찍고, 감독인 제가 그것을 직접 맞닥뜨리고 있는 현장의 맥락을 송강호 씨는 너무나 잘 이해하고 있었습니다. 그래서 눈에 보이지 않게 풀어주려고 노력도 많이 했어요. 송강호 씨는 어떤 장면에서든 자기가 어디에 있어야 하는지 정확하게 알아요. 심지어 부흥회 장면에서 신애가 내장 깊은 곳의 고통과 서러움을 절규하듯이 터트릴 때 원래는 종찬이 바로 뒷자리에 앉았습니다. 그런데 송강호 씨가 스스로 조금만 더 떨어져 앉는 게 좋겠다고 했어요. 배우들이 그렇게 하기가 쉽지가 않죠. 가능하면 자기 얼굴이 좀 더 선명하게 나오기를 원합니다. 그런데 송강호 씨는 그런 것을 굉장히 잘하는 배우입니다.

김영진　　　감독님은 현장이 괴롭다고 늘 말씀하셨죠. "어떤 감독들은 현장이 즐겁다고 하는데 난 왜 이런지 몰라." 하시면서 말이죠. (웃음) 문체부 장관 하실 때, 농담처럼 감독으로서의 안테나가 정지되어 있었다고 하셨는데 '밀양'을 찍을 때 그 공백의 영향이 있었나요?

이창동　　　저는 영화를 찍을 때 항상 절망합니다. 늘 '왜 이렇게 안 되지?'라고 생각하기 때문에 안테나가 제대로 작동하고 있는지 아니면 원래 망가져 있었는지를 느끼기는 힘들었습니다. 사실 어떤 장면을 그렇게 찍을 수 있었던 것은 그 장면만의 우연성이라고 봐야 할 겁니다. 저는 영화를 찍는 동안에는 괴롭지만 지나고 보면 대체로 운이 좋았다고 생각하는데요, '밀양'은 그런 점에서 운이 좋았습니다.
　저는 모든 창조 행위가 우연성에 의해 이루어지는 것이라고 생각합니다. 어떤 물건을 만드는 행위에는 그에 필요한 계획이 있고, 그 계획에 따라야 할 겁니다. 그런데 창조 행위는 조금 다른 듯합니다. 인간의 머리나 계획보다는 그것과 함께 또 다른 우연성이 작용하는 것 같아요. 특히 영화가 더 그런 것 같고요(물론 글을 쓰는 행위에도 우연성이 개입됩니다). 그 우연성을 받아들이고, 그 우연성을 볼 수 있도록 하는 것이야말로 재능일 텐데, 그걸 경험하지 못하고 늘 기다리면서 초조해하고 절망하고……. 그게 괴로운 것이죠.

김영진　'밀양' 개봉 전에 만나 얘기를 나눌 때 감독님은 이 영화가 "노멀하다."라고 표현하셨습니다. 그해 칸에서 외국 비평가들이 제가 쓴 이창동 평론의 영문판 책자를 통해 그 표현을 접하고 어리둥절해한 것 때문에 거꾸로 화제가 됐었다는 얘기를 들었습니다. 감독님 입장에서 '밀양'이 노멀하게 찍은 영화라는 것은 어떻게 받아들여야 할까요?

이창동　이것이 결국 우리의 세속적 삶에 관한 이야기, 즉 삶의 의미를 질문하는 영화라는 것입니다. 특별한 삶이면 굳이 질문할 필요가 없을 테지요. 영웅의 삶, 위인의 삶이라면 이미 그 나름대로 의미를 가지고 있을 것이기 때문에 질문할 필요가 없지만, 보통의 삶, 특별하지 않은 삶, 그리고 어쩌면 '고통스러운 삶'이라면 당연히 삶의 의미를 묻게 되겠지요. '밀양'은 그런 삶에 관한 영화이기 때문에 특별하게 보여서는 안 된다고 생각했습니다. 지극히 세속적이고, 지극히 흔하고, 지극히 내세울 것 없는……. 마치 뒷마당에 물이 고여서 썩어가는 풍경 같은 삶을 보여주는 영화이기 때문에 그런 느낌이 가능한 한 그대로 전달되기를 바랐다는 뜻입니다.

알다시피 영화라는 매체는 우리의 삶을 낯설게 합니다. 낯설게 하면서 동시에 뭔가 있어 보이게 하지요. 뭔가 멋있게 보이고, 뭔가 특별하게 보이게 합니다. 렌즈의 속성 자체가 그렇고, 프레임이라는 구도 자체가 그렇게 만들어요. 프레임 자체는 프레임에 담기는 것과 프레임에 담기지 않는 것을 분리하고 있고요. 이런 영화적인 것들이 영화 속에 그려지는 삶을 특별하게 만듭니다. 저는 어떻게 하면 내가 그리고자 하는 현실과 영화가 따로 떨어져 있는 것이 아니라 붙어 있게 느끼도록 할 것인가, 그 경계가 더욱 불분명하고 서로 섞여 있게 할 것인가를 고민합니다.

많은 사람들이 제 영화를 메시지가 있는 영화라고 생각하는 경향이 있어요. 그러나 저는 제 영화가 메시지를 주는 것을 좋아하지 않고 원하지도 않습니다. 저는 관객들에게 질문을 던지려고 합니다. 삶에 대한, 우리가 살아가는 세상에 대한 질문. 어떤 예술이든 진정한 예술은 질문하는 거라고 생각해요. 왜 영화라는 매체는 질문을 포기하려 하는가? 저는 거기에 저항하고 싶은 거죠. 저도 얼마만큼 버틸 수 있을지 모르겠어요. 그러나 저에게 주어진 것만큼은 해보려고 합니다.

부록

시놉시스×트리트먼트

시놉시스

이신애는 불의의 교통사고로 남편을 잃은 뒤 일곱 살 난 아들 준을 데리고 경상남도 밀양에 내려와 피아노 학원을 시작한다. '비밀의 햇볕'이란 시적인 이름이 붙은 도시지만, 밀양은 한국의 여느 소도시들과 마찬가지로 별 특징 없이 세속화된 공간이고, 그곳에 살고 있는 사람들도 속물화되어 있긴 마찬가지다.

카센터 사장인 김종찬도 그런 사람이다. 삼십 대 후반의 나이에 아직 독신으로 지내는 그는 신애가 처음 밀양에 오던 날 고장 난 차를 수리해준 인연으로 신애의 일에 여러 가지로 참견하고 신경을 써준다. 신애는 그를 대놓고 "속물"이라고 부르면서도 그의 소소한 도움을 마다하지 않는다.

서울에서 온 신애에게 동네 여자들은 관심이 많다. 한번은 신애가 동네 양장점에 들어갔다가 주인아줌마에게 인테리어를 바꾸면 장사가 더 잘될 거라고 조언해주었는데, 그 뒤로

밀양 각본집

약간 정신이 이상한 여자라는 소문이 나기도 했다. 그럼에도 신애는 동네 사람들에게 인정받고 친해지기 위해 노력한다. 왜 밀양까지 내려와 사느냐는 동네 사람들에게 그녀는 죽은 남편이 평소에 늘 고향인 밀양에서 살고 싶어 했다고 말한다. 그녀는 남편이 남긴 돈으로 부동산 투자를 하고 싶다며 종찬이 소개해준 부동산 중개소 사장과 땅을 보러 다니기도 한다. 누나를 만나기 위해 서울에서 온 남동생 민기가 왜 이런 연극을 하느냐고 묻자 신애는 이곳 사람들에게 얕보이지 않기 위해서라고 대답한다.

평소 내성적인 준이 웅변 학원에서 웅변 발표를 한 날, 신애는 동네 여자들과 회식 자리를 마련한다. 자신을 미친 여자라고 소문냈던 양장점 주인과도 화해하고, 함께 노래방에 가서 신나게 노래도 한다. 그날 저녁, 회식을 끝내고 늦게 집에 돌아와보니 준이 보이지 않는다. 놀라고 당황한 그녀에게 전화가 걸려오는데, 전화기에서 들리는 낯선 목소리는 아이를 돌려줄 테니 현금 오천만 원을 준비하라고 요구한다.

다음 날 그녀는 은행에 가서 통장에 있는 돈을 모두 찾아서 범인이 요구하는 장소에 갖다 놓는다. 범인이 전화로 왜 돈이 이것밖에 없냐고 화를 내자, 그녀는 정말 돈이 그것밖에 없다고, 그저 돈이 있는 척했을 뿐이라고, 제발 아이를 풀어달라고 울면서 애원한다. 그러나 범인은 전화를 끊어버리고 만다. 아이는 유괴된 지 사흘 만에 밀양 외곽의 어느 저수지에서 시신으로 발견되고, 경찰에 잡힌 범인은 놀랍게도 웅변학원 원장 박도섭이다.

삶에 대한 모든 희망을 잃어버린 신애에게 길 건너 은혜약국의 약사가 하나님을 믿으라고 권유한다. 교회 집사인 그녀는 하나님의 사랑으로 마음의 고통을 치유하고 모든 것을 주님의 뜻에 맡기는 것이 죽은 아이와 아이 엄마의 영혼을 위한 길이라고 말한다. 그러나 신애는 하나님의 사랑이 그토록 크다면 죄 없는 아이를 그처럼 처참하게 죽도록 내버려두었겠느냐고 항변한다. 집사는 세상 모든 일에는 주님의 뜻이 있다고 말한다. 햇볕 한 조각에도 주님의 뜻이 숨어 있다고. 신애는 약국 한구석에 비친 햇빛으로 걸어가 외친다. "여기에 뭐가 있어요? 아무것도 없어요. 이건 그냥 햇빛이에요, 햇빛!"

동사무소에서 아이의 사망신고를 하고 나오던 중 신애는 갑자기 호흡이 막혀 숨을 쉬지 못한다. 길 한가운데서 몸을 웅크린 채 숨을 쉬기 위해 고통스럽게 안간힘을 쓰는 그녀의 눈앞에 어느 교회의 부흥회를 알리는 현수막이 바람에 나부끼고 있다. 자기도 모르게 신애는 그 부흥회가 열리는 교회를 찾아가고, 동사무소에 갈 때부터 그녀의 뒤를 따라나선 종찬도 함께 간다.

부흥회에서 열심히 기도하는 사람들 틈에 이방인처럼 앉아 있던 신애는 어느 순간 갑자기 알 수 없는 힘에 이끌린 듯 자신도 모르게 통곡한다. 아이를 잃은 후 가슴 밑바닥까지 뭉쳐 있던 슬픔과 고통이 한꺼번에 터져 나온 것이다.

그날 이후 신애는 가슴을 짓누르던 고통에서 벗어나고, 하나님의 사랑이 마음의 평화와 치유를 가져다주었다고 느낀다. 은혜약국 약사의 말처럼 이 세상에는 눈에 보이는 것만 있는 것이 아니라 눈에 보이지 않는 것도 있음을 이제 분명히 믿고 느낄 수 있게 된 것이다.

신애는 스스로 새로운 삶을 얻게 되었다고 생각한다. 교회 예배에도 빠지지 않고 참석하고, 동네 아줌마들에게 열심히 전도 활동도 한다. 종찬 역시 그녀를 따라 교회에 나가고 성경 공부나 구역 예배에도 참석하는데, 어쩌면 오로지 신애의 곁에 얼쩡거리기 위해서인 것처럼 보이기도 한다. 마침내 신애는 주님을 위해서 뭔가 의미 있는 일을 해야겠다고 결심한다. 그것은 자신에게 크나큰 고통을 안겨준 유괴범을 '용서'하는 일이다. 그녀는 교도소에 있는 범인에게 직접 찾아가서 자신의 용서를 말하고 하나님의 사랑을 전해야 한다고 생각한다. 신애는 이런 생각을 교우들에게 말하고, 종찬의 차를 타고 함께 면회를 가기로 한다.

마침내 신애는 교도소 면회실에서 박도섭을 마주하고 떨리는 목소리로 입을 연다. 자기가 이곳에 찾아온 것은 하나님의 사랑을 전해주기 위해서라고. 하나님의 크나큰 사랑을 받아들여 죄를 참회할 기회를 주기 위해서라고. 그리고 자신은 그의 죄를 용서하겠노라고. 그녀의 말에 박도섭은 자신도 교도소에 들어온 뒤 하나님을 받아들이게 되었다고 말한다. 하나님 앞에 회개했으며 하나님의 은혜와 사랑으로 자신이 저지른 죄를 용서받았다는 것이다. 하나님의 사랑을 받아들이고 용서받았다는 박도섭의 얼굴은 평화롭고 착하게 보이기까지 한다.

면회를 마치고 나온 신애는 창백하게 굳은 얼굴로 침묵에 빠진다. 밀양으로 돌아가는 길에 종찬이 휴게소에 차를 세우고 화장실에 간 사이 신애는 파라솔 의자에 앉아서 사과를 깎던 칼로 자기 손목을 그어버린다. 소식을 듣고 놀라 병원 응급실에 찾아온 교우들은 그녀를 위해 찬송가를 부르고 기도를 시작한다. 그녀에게 범인을 용서할 수 있는 믿음을 주시기를 기도하자, 마침내 신애가 소리친다. "용서요? 그 사람은 이미 주님의 용서를 받았다고 했어요. 주님한테 이미 용서를 받았는데, 내가 어떻게 다시 용서할 수 있어요? 내가 그 인간을 용서하기도 전에 어떻게 하나님이 먼저 그를 용서할 수 있죠? 도대체 무슨 권리로 내가 용서해줄 기회마저 뺏어갈 수 있죠?" 그녀의 목소리는 무시무시한 절규와도 같다. 아무도 그녀의 물음에 대답할 수 없다.

이제 그녀에게는 삶에 대한 어떤 희망과 의욕도 남아 있지 않고, 오직 분노와 절망밖에 없는 것 같다. 종찬은 늘 불안한 듯 그녀의 집을 기웃거리기도 하고 시도 때도 없이 전화를 걸기도 하는데, 신애는 그에게 걱정하지 말라면서 "안 죽고 끝까지 싸울 거예요."라고 말한다. 종찬은 그녀가 누구와 싸우겠다는 건지 알 수 없다. 그리고 서서히 그녀의 행동이 이상해지기 시작한다. 교회에 찾아가서 다른 사람의 기도를 방해하기도 하고, 음반 가게에 가서 CD를 훔치고, 어느 야외 부흥회에서 훔친 CD를 틀어 목사의 설교를 조롱하기도 한다. 심지어 교회 장로를 유혹해서 정사를 벌이기도 한다.

비로소 종찬은 그녀가 무엇을 하고 있는지 어렴풋이 짐작하게 된다. 그녀는 지금 싸우고 있다는 것을, 그리고 그 싸움의 대상은 다름 아닌 하나님이라는 것을. 도둑질을 하고, 예배를 방해하고, 남자를 유혹하는 것도 하나님과 싸우는 방식인 것이다. 그녀는 지금 미쳐가고 있는 것이다. 눈에 보이지도 않는 하나님과 싸우겠다는 것 자체가 미쳐간다는 증거일 수밖에 없는 것이니까. 그리고 그녀는 마침내 신과의 마지막 싸움을 벌이게 된다. 눈에 보이지 않는 신과의 처절하고도 외로운 사투(死鬪)를.

트리트먼트*

화면은 구름이 드문드문 있는 푸른 하늘로부터 시작한다. 누
군가의 시점으로 차 안에서 바라보는 하늘. 승용차 전면 유리
창으로 준(7세)의 얼굴이 보인다. 머리를 예쁘게 염색한 남자
아이다. 따분해하고 약간 지쳐 보인다. 그 얼굴 위로 이신애
(33세)가 전화하는 소리 들린다.
　"여기가 어딘지 모르겠어요. 아까 밀양 5킬로라고 쓰인 표
지판을 지나오긴 했는데……."
　밀양시 외곽의 어느 한적한 국도 변에 승용차 한 대가 멈
춰 있고, 신애가 차에서 내려 전화를 하고 있다. 차가 고장 나
서 밀양시의 어느 카센터에 전화를 건 듯하다. 일곱 살 난 아

---

* 트리트먼트(treatment). 시놉시스가 5매(A4 기준) 미만의 짧막한 요약본 기획서라면,
트리트먼트는 본격적인 시나리오 작업 전에 조금 더 긴 줄거리를 쓴 것으로, 사건들
이 유기적으로 연결되고 있는가를 확인하게 해주는 기능을 갖는다. 트리트먼트에는
구체적인 사건, 스토리의 핵심이 되는 중요 대사가 포함된다.

이의 엄마치고는 앳된 느낌을 주는 얼굴이다. 어떻게 보면 고집 세고 철없는 어린아이 같기도 하고, 한편으로는 이미 세상살이의 어려움을 다 터득한 듯한 느낌을 주기도 하는, 묘하게도 이중적인 인상을 가졌다.

"어디서 왔냐구요? 글쎄요, 내가 어디서 왔지……?"

그녀 스스로 어이없다는 듯이 소리 내어 웃는다. 달려오던 트럭 한 대가 신애의 손짓을 보고 저만치 가서 선다. 트럭 기사가 신애의 핸드폰을 건네받아 그녀 대신 위치를 설명해준다. 카센터 차량을 기다리는 동안 신애와 아이는 도로 아래에 있는 작은 개울가로 내려가 나란히 앉아 있다. 가을 햇볕이 내리쬐는 주위의 풍경은 별난 것이 없지만, 그런대로 평화롭다.

"준, 여기가 아빠 고향이야. 아빠가 늘 밀양에 가서 살고 싶다고 했잖아. 기억나지?"

아이는 아빠 이야기가 나오자 시무룩해진다. 신애가 갑자기 아이를 와락 끌어안고 아이의 뺨에 자신의 뺨을 갖다 댄다. 도로 쪽에서 경적이 울린다. 카센터의 차가 도착한 모양이다.

신애의 차 보닛을 열어 손을 보고 있는 남자는 밀양 시내에서 조그만 자동차 정비소를 운영하고 있는 김종찬(37세)이다. 종찬은 아는 사람 하나 없는 밀양에 살러 왔다는 신애를 믿기지 않는다는 듯 쳐다본다. 차에 시동이 걸리지 않자 결국 그는 신애와 준을 태우고 밀양으로 향한다. 차 안에서 신애가 묻는다.

"아저씨, 밀양은 어떤 곳이에요?"

"밀양이 어떤 곳이냐고예? 밀양이 어떤 곳이냐……? 뭐라 카겠노……. 경기는 엉망이고예, 그다음에…… 한나라당 도시고, 부산하고 가깝고, 말씨도 부산 말씨고. 인구는 마이 줄었고…….”

말없이 창밖을 보고 있던 신애가 다시 묻는다.

"밀양이란 이름이 무슨 뜻인지 아세요?"

"뜻요? 우리가 뭐 뜻 보고 삽니꺼? 그냥 사는 거지예.”

"한자로 비밀 밀(密), 볕 양(陽). 비밀의 햇볕. 뜻 좋죠?"

"……좋네예.”

종찬이 슬쩍 신애를 돌아보다가 눈이 마주치자 고개를 돌린다. 누렇게 물든 들판 사이로 저물어가는 가을 햇볕 속의 밀양 시가지가 흔들리며 다가오고 있다. 그 위로 타이틀 "밀양 Secret Sunshine"이 떠오른다.

신애가 준과 함께 전신주에 전단지를 붙이고 있다. "원생 모집, ‘준 피아노 학원’, 서울 ○○대학 음대 졸업 피아노 전공” 등의 선전 글귀가 보인다. 카메라가 두 사람의 뒷모습을 따라가는 동안, 밀양 시내의 거리 풍경이 보인다. 한국 땅 어디에나 있을 법한, 답답하고 좁은 거리. 개발이 안 된 낡은 건물에 크고 작은 간판들이 현란하다. 별난 것도 없고 특징도 없는, 농촌도 아니고 도시도 아닌, 그렇고 그런 풍경. 한때는 나름대로 해묵은 정취가 있었을지 모르나 지금은 아름다움도 품위도 잃어버린 것 같은 속물화된 공간이다.

신애와 준이 어느 양장점 안으로 들어선다. 신애가 건네는 개업 떡을 받으며 주인 여자가 아는 척을 한다. 남편을 잃고 밀양에 살러 왔다는 소문이 벌써 동네에 퍼진 것 같다. 잠시 어색한 대화를 나누다가 밖으로 나가려던 신애가 다시 돌아서더니 말한다.

"저기요, 제가 이 앞을 지나면서 항상 생각했는데요, 여기 가게 인테리어를 바꾸면 장사도 잘되고 좋을 것 같아요. 화사하고 밝은 컬러로 바꾸면 한결 손님이 들어오고 싶어질 것 같아요. 요즘엔 인테리어가 정말 중요하거든요."

"······생각해볼게요."

문을 나서는 신애의 뒷모습을 양장점 주인이 말없이 보고 있다.

신애의 피아노 학원에 종찬이 들어선다. 신애가 피아노 교습을 하는 동안 그는 들고 온 액자의 포장을 벗기고 벽에 못을 박고 액자를 건다. 액자에는 신애가 모 피아노 연주 경연 대회에서 최우수상을 수상했다는 가짜 상장이 들어 있다. 신애가 기가 막힌다는 표정으로 왜 이런 가짜를 걸어두라고 하느냐며 면박을 주자, 종찬은 머쓱하게 웃을 뿐이다. 그래도 그는 신경 써주어서 고맙다는 신애의 한마디에 기분이 좋아진 것을 숨기지 못한다.

신애는 준이 나가는 웅변 학원에 가서 수업을 참관한다. 일고여덟 명의 아이들 앞에서 원장 박도섭이 먼저 외치면 아이들이 큰 소리로 복창한다. 준도 열심히 따라한다. 수업이 끝난 뒤 신애는 원장이 직접 운전하는 승합차에 준과 함께 타고 온다. 왜 밀양까지 내려와 피아노 학원을 하느냐고 묻는 박도섭에게 신애는 준이 아빠가 늘 고향인 밀양에 내려와 살고 싶어 했다고 말한다. 그리고 문득 생각난 듯이 좋은 땅이 있으면 소개 좀 해달라고 말한다.

"좋은 땅이요? 한번 알아보지요……. 잠깐만요!"

갑자기 박도섭이 차를 세우더니 급하게 뛰어내려 길을 건너 달려간다. 친구들과 놀고 있던 십 대로 보이는 한 여자아이가 그를 보고 도망가다가 몇 걸음 못 가서 잡힌다. 박도섭이 차에 밀어 넣은 아이(정아)는 그의 딸로 보인다. 눈이 마주치자 신애가 미소 지으며 먼저 인사한다. 고개를 돌리는 소녀를 신애는 계속 미소 지으며 보고 있다.

'준 피아노 학원' 앞에 선 웅변 학원 차에서 신애가 내리자, 길 건너편에서 누군가 큰 소리로 부르는 소리가 들린다. 약국 앞에서 흰 약사복을 입은 여자(김집사)가 손짓을 하고 있다. 약국 간판에는 '은혜약국'이라는 상호 밑에 '(구) 부부약국'이라고 쓰여 있다. 키가 작고 몸피가 있는, 사람 좋은 인상의 김집사는 길을 건너오는 신애를 거의 끌어안다시피 하며 반갑게 맞이한다. 그녀는 신애가 최근에 불행한 일을 당해서 밀양으로 왔다는 이야기를 들었다면서 책자 하나를 건넨다.

"이 세상에는 우리 눈에 보이지 않는 것도 있어요. 주님을 믿게 되믄 우리 눈에 보이지 않는 세상도 있다는 걸 알게 돼요. 주님을 알기 전에는 우리 인간은 세상을 반밖에 모르는 셈이지요. 나머지 눈에 보이지 않는 세상도 있다는 걸 알게 되면 얼마나 기쁘고 감사한지 몰라요."

"하여튼…… 선물 고맙습니다. 잘 읽어볼게요."

"예, 원장님처럼 불행한 분은 특히 하나님 사랑이 꼭 필요해요."

김집사의 말에 신애가 웃으며 자신은 불행하지 않다고, 잘 살고 있다고 대답하는데 문득 준이 보이지 않는다는 걸 알아차린다. 준을 부르며 약국 밖으로 나가는 신애.

피아노 학원과 연결된 신애의 살림집은 낡은 재래식 가옥으로 방 둘 사이에 마루가 있고, 소파와 세간이 놓여 있는 것으로 보아 거실로 쓰고 있는 듯하다. 유리문 너머 좁은 마당이 보인다. 학원과 연결된 문을 열고 들어온 신애가 계속 준을 찾지만 아이의 모습이 보이지 않는다. 그녀는 집 밖으로 아이를 찾아 나선다.

밀양천 고수부지의 공터에서 준이 자전거를 타고 있고, 아이 옆에서 종찬이 자전거를 잡아주고 있다. 신애는 잔뜩 상기된 얼굴로 뛰어와 아이에게 정신없이 야단을 친다. 변명하는 종찬에게도 차가운 눈길을 보낸다. 이윽고 종찬이 떠나자 신애가 준의 자전거를 뺏어 탄다. 몸에 맞지 않는 아동용 자전거를 몰고 가는 신애. 그녀는 이따금 준을 돌아보면서 소리 내어 웃기도 한다. 조금 전 불같이 화를 낸 사람이라고 믿기 어려울 정도다. 자전거를 타고 공터를 돌던 신애는 문득 어딘가에 시선을 빼앗긴다. 공터 담벼락 앞에 십 대 남녀가 등을 보이고 나란히 서 있다. 남자아이가 오줌을 누고 있고 여자아이는 그 옆에서 기다리고 있다. 신애는 여자아이가 박도섭의 딸 정아임을 알아본다. 어디선가 교회 종소리가 들려온다. 신애가 교회 종소리를 들으며 멀어져가는 두 사람을 본다.

자전거 탄 준을 앞세워 피아노 학원으로 돌아오는 신애가 문득 걸음을 멈춘다. 닫힌 학원 문 앞에 남동생 민기가 기다리고 서 있다.

그날 밤, 오누이는 거실에 단출한 술상을 놓고 마주 앉아 있다. 신애는 벌써 좀 취한 것 같다.

"나 솔직히 누나 이해 못 하겠어. 매형 고향이라고 여기 밀양까지 내려와 사는 건 또 뭐야? 매형…… 누나 배신하고 딴 여자랑 바람났었잖아."

"아냐, 인마. 그거 다 사람들이 잘못 안 거야. 준이 아빠는…… 우리 준이랑 나만 사랑했어."

신애의 눈에서 눈물이 흐르는 것을 민기는 말없이 지켜본다. 이윽고 신애가 말한다.

"난 서울이 싫어. 여기가 좋아. 여기가 왜 좋은지 아니? 날

아는 사람이 아무도 없거든. 나 여기서 새로 시작할 거야."

다음 날 신애는 민기를 데리고 종찬과 부동산 사장과 함께 땅을 보러 간다. 밀양 외곽의 어느 황량한 들판에 서서 부동산 경기가 어떻고 고속도로 공사가 어떻고 하는 이야기를 들으면서 민기는 황당하기만 하다. 신애에게 괜히 친한 척하는 종찬이란 인간도 도무지 마음에 들지 않는다. 왜 땅 살 돈도 없으면서 이런 연극을 하느냐고 묻는 민기에게 신애는 그저 혀를 내밀고 웃을 뿐이다.

땅을 보고 난 뒤 종찬은 신애와 민기에게 식사 대접을 하며 자기가 아는 '회장님'이 좋은 땅을 팔려고 하니 소개해주겠다고 말한다. 그러면서 그 회장님은 대단한 분이고 직함도 많다고 설명한다. 그런 직함 같은 것을 중요하다고 생각하는 종찬에게 신애는 대놓고 "속물"이라고 놀리는데, 종찬은 별로 아랑곳하지 않는 것 같다.

"내가 신애 씨 앞에서는 자꾸 코너에 몰립니더. 다른 데 가마 안 그러는데, 와 이런지 모르겠어예."

종찬이 자신에게 변명 삼아 그런 말을 하자, 민기가 신애에게 말한다.

"밀양은 참 이상한 덴 거 같애."

"이상할 거 없어예. 밀양도 다른 데하고 똑같아예."

눈치도 없이 그런 말을 하는 종찬은 서울로 올라가는 민기를 밀양역에 태워주기까지 하는데, 차에서 내린 민기는 종찬과 악수를 나누며 힌트를 하나 주겠다고 말한다.

"사장님은요, 우리 누나 취향이 아니에요. 절대 아니에요."

역사 쪽으로 걸어가는 민기의 뒷모습을 보고 있는 종찬은 여전히 미소 짓고 있다. 역 광장 한쪽에서 전도를 하러 나온 교회 찬양대의 음악이 들려온다.

웅변 학원 발표회가 있는 아침, 신애는 학원에 안 가려는 준과 실랑이를 벌인다. 내성적인 아이는 오늘 있을 발표회가 불안한 것이다. 억지로 박도섭이 운전하는 학원 차에 타는 아이의 얼굴에 눈물 자국이 있다. 발표회에 가기 전 미용실에 간 신애는 거울 앞에 앉아 뒤에서 동네 아줌마들이 잡담하는 소리를 듣는다.

"서울에서 온 준 피아노 학원 원장 있재? 그 여자 얼마 전에 난데없이 우리 가게 들어와가 안 카나. 인테리어 바꾸라고. 안 그라마 망한다고."

신애는 자신에 대한 뒷담화를 꼼짝없이 앉아서 듣고 있다.

"내가 보이께네 생기기는 멀쩡해도 약간 정상이 아닌 것 같애. 정신이 살짝 간 거 같애. 죽은 남편 고향이라꼬 아 데리고 밀양까지 내리와 산다는 것도 좀 이상한 거 아이가, 상식적으로……."

양장점 여자가 말을 하다 말고 깜짝 놀라 입을 다문다. 거울을 통해 신애와 눈이 마주친 것이다. 그러나 신애는 아무렇지도 않은 듯 상냥하게 웃으며 큰 소리로 인사한다.

준이 웅변 발표를 거뜬히 해내자, 신애는 학부모들 틈에서 소리 지르며 기뻐한다. 준도 환하게 웃는다. 발표회가 끝나고 원장인 박도섭과 함께 학부모들과의 뒤풀이가 열린다. 그 자리에서 신애에게 종찬의 전화가 걸려온다. 전에 말한 땅 주인 '회장님'이 신애를 만나고 싶다고 했다는 것이다. 전화를 끊고 나자 옆에 앉아 있던 박도섭이 묻는다.

"전에 땅 얘기하시더니, 좋은 데 구하셨는갑네요?"

"예, 괜찮은 물건이 있는데…… 땅 주인을 만나야 할 것 같아요."

신애가 먼저 일어나 음식점 밖으로 나오는데 박도섭이 따라 나온다. 뭔가 할 말이 있는 눈치지만 신애가 물어도 우물쭈물할 뿐 대답하지 않는다. 걸어 나가는 신애의 뒷모습을 잠시 보고 있는 박도섭.

회장의 집에서 신애가 피아노를 치고 있다. 꽤 넓은 평수에 제법 사치스럽게 꾸며놓은 아파트 거실이다. 회장 부부와 남자아이 둘, 그리고 종찬이 소파에 앉아서 신애가 피아노 연주하는 모습을 보고 있다. 신애는 리스트의 '탄식'을 악보도 없이 나름대로 열심히 치려고 애를 쓰지만, 잘 안 된다. 아마도 어색한 상황에서 갑작스럽게 연주를 하게 된 모양이다. 점점 힘들어하다가 결국 연주를 멈추고 만다. 사람들이 박수를 치지만 신애의 표정은 어색하게 굳어 있다.

그날 저녁 신애는 동네 아줌마들을 맥줏집으로 불러 술을 사는 일종의 신고식을 치른다. 양장점 여자에게 맥주를 따르면서 앞으로 많이 가르쳐달라고 말하자, 양장점 여자는 남편 고향이라고 밀양으로 내려와 사는 신애가 대단하다고 덕담을 해준다. 노래방으로 자리를 옮겨 신나게 노래하고 춤을 추는 아줌마들과 함께 신애도 모처럼 즐거운 시간을 보낸다. 술자리가 끝난 뒤 아줌마들을 택시에 태워 보내고 신애도 택시를 잡으려는데 핸드폰이 울린다. 그러나 상대방은 아무런 말이 없다가 전화를 끊어버린다. 신애는 고개를 갸우뚱하지만 대수롭지 않게 생각한다. 어두운 거리에서 택시를 기다리며 서 있는 신애.

어두컴컴한 마당으로 신애가 들어온다. 유리문을 열고 비치적거리며 신발을 벗으려 애쓴다. 불을 켜고 아이의 방문을 열어보지만 아이가 보이지 않는다. 안방도 비어 있다. 이번에는 화장실 문을 열어본다.

"준! 너 어디 숨었어? 빨리 안 나올래? 엄마 화낸다!"

그녀는 피아노 학원으로 연결된 문을 연다. 그러나 그곳에도 아이는 없다. 비로소 그녀의 입에서 짧은 비명 소리가 새어 나온다. 얼어붙은 듯 잠깐 멍하니 서 있다가 다시 아이의 방과 안방, 화장실을 오가며 정신없이 찾는다. 점점 절망에 사로잡혀 이번에는 마당으로 달려나간다. 어두운 마당에서 어쩔 줄 모르며 서 있을 때 집 안에서 전화벨이 울린다. 정신없이 달려와 수화기를 든다.

"여보세요! 준? 여보세요! ……그게 무슨 소리예요? 예?
……예. ……예."

그녀는 한참 동안 상대방의 말을 듣고만 있다. 그러면서도
정신을 차리려 애쓴다.

"그런데요……. 저거 뭐야, 우리 준이 좀 바꿔주세요."

결국 그녀의 입에서 울음이 터진다.

"그럼 어떡해요? 애 목소리라도 들어야죠. ……제발 부탁
인데요……. 우리 애 무사히 돌려보내주세요. 하라는 대로 뭐
든지 다 할게요. 원하시는 게 뭐예요? ……얼마나요? ……그
돈 지금 없는데 어떡해요? ……알았어요. 화내지 마세요. 준
비할게요. 우리 준이만 무사히 보내주세요. 여보세요……?"

전화는 끊어졌다. 신애는 얼이 빠진 듯 앉아 있다.

인적이 뜸한 어두운 밤거리를 달려가는 신애의 뒷모습. 간
간이 외마디 비명 같기도 하고 신음 같기도 한 울음소리가 들
린다. 앞쪽에 불이 켜진 종찬의 카센터가 보인다. 그녀가 카
센터 사무실 쪽으로 다가가면 종찬이 혼자 가라오케 반주에
맞춰 노래를 부르고 있다. 밤늦게 혼자서 기분을 내며 노래하
는 모습이 우스꽝스럽기도 하고 외로워 보이기도 한다. 그런
종찬을 보고 있다가 신애는 결국 돌아서고 만다. 그녀는 다시
어두운 밤거리를 정신없이 걷다가 길 한가운데서 주저앉고
만다. 연약한 애벌레처럼 잔뜩 웅크린 굽은 등에서 울음소리
가 새어 나온다. 경적을 울리며 지나가는 차의 전조등 불빛이

그녀를 빠르게 훑는다. 울음소리가 점점 커져간다.

다음 날 신애는 은행에서 통장에 남아 있던 돈을 다 찾는다. 그래도 범인이 요구한 액수에는 한참 모자란다. 그래서 종이를 오려 만든 가짜 돈 뭉치가 담긴 비닐 가방에 진짜 돈을 얹으려다가 결국 포기하고 가짜 돈을 쏟아낸다.

밀양천 고수부지의 주차장으로 신애가 차를 몰고 주위를 살피면서 천천히 들어가고 있다. 멀리 보이는 다리 밑 쓰레기통 쪽으로 차를 몬다. 범인이 돈이 든 비닐 가방을 넣어두라고 지시한 곳이 그 쓰레기통이다. 그 근처에서 택시 기사들이 잡담하고 있는 모습이 보인다. 운전대를 잡은 채 신애는 극도의 불안과 의심 어린 눈으로 그들을 본다. 이윽고 차가 그들을 지나쳐 쓰레기통 가까이 멈춘다. 신애가 검정색 비닐 가방을 감추듯 들고 차에서 내려 쓰레기통으로 다가가 사람들이 눈치채지 않게 비닐 가방을 넣는다. 택시 기사 중 한 명이 이쪽을 힐끔 보는 것 같기도 하다. 고수부지를 빠져나와 큰길로 올라오는데 핸드폰 벨이 울리고, 신애는 황급히 전화를 받는다.

"여보세요? …… 예, 방금 돈 갖다 뒀어요. ……그럼요, 혼자 왔어요. 아무한테도 얘기 안 했어요. …… 우리 애는요? 연락을 언제 준다는 거예요? 여보세요?"

전화가 끊겼다. 그녀는 전화기를 손에 쥔 채 절망적으로 머리를 운전대에 파묻는다. 그러다 자신이 운전 중이란 걸 깨닫고 황급히 브레이크를 밟는다. 차 앞으로 네댓 명의 십 대 여자아이들이 아이스크림을 손에 들고 깔깔대며 길을 건너고 있다. 그중에 박도섭의 딸 정아가 보인다. 정아는 길을 건너자마자 다른 아이들과 헤어져 고수부지 방향으로 혼자 걸어간다. 마침 전화가 온 모양인지 전화를 받으며 걷고 있다. 뒤에서 경적이 울리고, 정신을 차린 신애가 차를 출발시킨다.

비어 있는 신애의 집에서 전화벨이 울리고 있다. 신애가 황급히 들어와 전화를 받지만, 전화는 끊어졌다. 그러다가 다시 전화벨이 울린다. 통화하는 동안 그녀의 목소리는 차츰 흐느끼기 시작하다가 나중에는 울음으로 변한다.

"여보세요? 저…… 그게요, 죄송한데요, 저한테 돈이 그것밖에 없거든요. 정말이예요. …… 땅 계약이요? 그거 다 거짓말이에요. 저 땅 살 돈 없어요……. 다 거짓말이에요……. 그냥 돈 있는 척하려고 거짓말했던 거예요……."

전화는 이미 끊어진 것 같다. 그녀는 어린아이처럼 주저앉은 채 계속 운다.

어수선한 경찰서 수사과 사무실에서 종찬과 부동산 신사장이 조사를 받고 있다. 신애가 결국 경찰에 신고를 한 모양이다. 사무실 한쪽 구석 긴 의자에 거의 쓰러지듯 앉아 있는 신애는 넋이 나간 듯한 표정이다. 조사를 받던 종찬이 안쓰러운 시선으로 그녀를 본다.

경찰서를 나와 택시를 타고 집 앞에 내려 길을 건너던 신애가 뭔가 발견한다. 누군가 피아노 학원 유리문에 바싹 붙어

서서 안을 들여다보고 있다. 박도섭의 딸 정아다. 신애를 보고 깜짝 놀라 달아나려는 정아의 팔을 신애가 잡는다. 정아는 필사적으로 신애의 손을 떼어놓으려 하지만 신애도 완강하다. 여기서 뭐 하고 있냐는 신애의 추궁에 정아의 얼굴이 차츰 일그러지더니 마침내 울음을 터트리고 만다. 신애는 자신도 모르게 손을 놓고 만다. 울면서 도망치는 정아의 뒷모습을 보고 있는 신애의 얼굴이 서서히 공포에 사로잡히기 시작한다. 이윽고 그녀가 핸드폰을 꺼내 경찰서로 전화를 건다.

신애의 집 마룻바닥에 창문을 넘어 들어온 저녁 햇살 한 자락이 손수건처럼 떨어져 있다. 신애가 혼자 소파에 누워서 텅 빈 시선으로 그 햇살을 멍하니 바라보고 있다. 문득 그녀가 코 고는 소리를 내기 시작한다. 아이가 아빠를 보고 싶을 때 혼자 아빠 흉내를 내며 코를 골던 것처럼. 그녀의 눈에 조용히 눈물이 번진다. 눈물을 흘리면서도 그녀는 계속 코 고는 소리를 내고 있다. 바깥에서 요란하게 문을 두드리는 소리가 들린다. 피아노 학원의 유리문 밖에 형사 둘이 서 있다.

밀양 외곽의 어느 지방도로를 경찰 승합차가 흙먼지를 날리며 달린다. 차창 밖으로 약간 기울어져 있는 도로 표지판이 보이고, '지방도로 919'란 글씨가 다가왔다가 스쳐 지나간다. 차가 표지판 옆으로 난 둑길 같은 곳으로 들어선다. 뒷자리에 앉은 신애는 극도의 불안과 두려움에 싸여 차창 밖을 보고 있다. 이윽고 공사 중인 황량한 둑 위쪽 도로에 차가 도착한다. 이미 경찰차 한 대가 먼저 와 있다. 형사들이 차에서 내려 둑 아래를 내려다본다. 공사 중인 둑에는 군데군데 흙을 덮어놓은 청색 비닐 덮개가 바람에 들썩이고 있다. 이윽고 신애가 차에서 내린다. 형사들이 신애에게 기다리라고 말한 뒤 가파른 비탈을 뛰어 내려간다. 신애는 잠시 그 자리에 서 있다가 갑자기 그들을 따라 내려간다. 몸의 균형을 잃고 미끄러지면서도 신애는 정신없이 둑 아래로 내려간다. 그러나 한 형사가 그녀를 막아선다.

둑 아래 아직 물이 채 차지 않은 저수지가 보인다. 물가에 형사 두 명, 제복을 입은 경찰관 한 명이 서 있고, 그들 곁에 수갑을 찬 박도섭이 구부정하게 고개를 숙이고 있다가 신애를 쳐다본다. 탁하고 검은 물에 반쯤 잠긴 아이의 시신 같은 것이 보인다. 경찰관이 시신을 물 밖으로 끄집어낸다. 아이의 시신은 두 손이 뒤로 묶여 있고, 포장용 테이프가 코와 입을 막고 있는 참혹한 모습이다. 형사가 비켜주자 신애가 천천히 앞으로 걸어 나와 아이의 시신을 내려다본다. 아이의 시신은 아직도 탁하고 검은 물에 젖은 채다. 그녀는 이 모든 것이 비현실적인 일인 것처럼 멍한 표정이다. 그녀가 갑자기 놀라 소리친다.

"살았어요! 살았어요! 아직 살아 있어요!"

사람들이 아이의 시신을 내려다본다. 실제로 가슴팍이 팔딱팔딱 뛰고 있다. 형사가 아이의 가슴팍에 손을 집어넣더니 무언가를 끄집어낸다. 작은 민물고기 한 마리가 형사의 손 위에서 팔딱대고 있다. 형사는 손안에 있는 민물고기를 저수지로 던져버린다.

화장장의 화구 속으로 아이의 관이 들어가고 있다. 화구의 쇠문이 굉음을 내며 하강한다. 오열, 통곡하는 사람들 가운데 신애는 마치 아무런 감정도 없는 사람처럼 서 있다. 화장이 끝난 뒤 넓은 화장장 앞마당으로 신애가 걸어 나온다. 울음을 그치지 못한 채 가족의 부축을 받고 나오던 신애의 시어머니가 돌아서더니 소리친다. "넌 눈물도 없나? 서방 보내고 자식까지 죽이고 눈물 한 방울 없나?" 신애는 아무 말도 못하고, 보고 있던 종찬이 시어머니에게 말한다.

"손주 잃어쁘리고 참 마음이 아프시지예? 저도 이해를 하거든예. 그런데예······. 지금 이 상황에서는 누구보다도 애 엄마가 제일 안 슬프겠습니꺼? 그지예?"

민기가 다가와 종찬의 팔을 잡아끌며 제지한다. 종찬은 그 자리에 쪼그리고 앉아 담배를 피워 문다. 저만큼 떨어진 곳에서 혼자 쪼그리고 앉아 있는 신애의 모습이 눈에 들어온다. 넓은 마당 한가운데서 두 사람은 비슷한 모양으로 쪼그리고 앉아 있다.

신애가 길을 걷고 있다. 거리 풍경은 여전하다. 아이가 죽어도 달라진 것은 아무것도 없는 것 같다. 그녀는 갑작스런 통증으로 걸음을 멈춘다. 은혜약국으로 들어서는 신애를 김집사가 호들갑스럽게 맞이한다. 신애가 몸이 좀 아프다고 말하자, 집사가 동정 가득한 목소리로 말한다.

"마음이 아픈데 몸이 와 안 아프겠노? 어데가 아프신데? 두통이가? 가슴이 아프시나?"

"저…… 생리통이요."

김집사가 진열장에서 약을 꺼내와 내밀며 말한다.

"내가 약국에서 약을 팔지마는 그 마음의 고통은 고칠 수가 없어요. 그거를 치유할 수 있는 거는 하나님 사랑밖에 없어요. 모든 걸 주님의 뜻에 맡기는 기라요. 바로 이선생 같은 분을 우리 주님이 기다리고 계시는 거라요."

신애가 비로소 낮은 목소리로 입을 연다.

"만약에 하나님이 있고…… 하나님의 사랑이 그렇게 크다면요……. 그러면 우리 준을 왜 그렇게 처참하게 죽도록 내버려두었어요?"

"그래도요, 세상 모든 일에는 우리 주님의 뜻이 있다는 걸 알아야 돼요. 저, 저기…… 햇볕 한 조각에도 주님의 뜻이 숨어 있다고요. 이 세상에 주님의 뜻이 아닌 게 없어요."

말없이 김집사를 쳐다보던 신애가 햇볕이 드는 창가로 간다. 그리고 햇볕 위로 손을 휘젓는다.

"여기 뭐가 있어요? 네? 이건 그냥 햇빛이에요, 햇빛! 여기 뭐가 있어요? 아무것도 없어요!"

무섭도록 공허하고 절박한 목소리다. 김집사는 할 말을 잃은 표정으로 신애를 쳐다본다.

아이가 죽고 며칠 뒤, 신애는 아이의 사망신고를 하러 동사무소를 찾아간다. 종찬이 자기가 대신 사망신고를 해주겠다며 따라오지만 신애는 따라오지 말라며 소리친다. 동사무소에서 사망신고를 하던 그녀는 주민등록번호를 묻는 직원의 질문에 대답하지 못한다. 갑자기 자기 주민번호가 기억나지 않는 것이다. 직원이 그녀를 이상하게 쳐다보다가 주민등록증을 보여달라고 하자, 허둥지둥 가방을 열어 주민등록증을 찾는다. 그러나 급히 가방을 뒤지다가 가방 속의 물건을 쏟고 만다. 가까이 있던 동직원이 다가와 같이 주워주려 한다. 괜찮다는데도 직원이 계속 물건을 집어주려 하자 신애가 갑자기 소리친다.

"하지 마요! 내가 괜찮다고 했잖아요!"

그녀의 목소리는 거의 절규하는 것 같다. 동사무소에 있는 사람들이 놀라 그녀를 쳐다본다. 사람들의 시선 속에서 그녀는 혼자 물건을 주워 담는다. 언제 따라왔는지 종찬이 신애의 모습을 보고 있다.

동사무소에서 나온 신애가 바람이 거세게 부는 거리를 걷고 있다. 흙먼지가 거리를 쓸고 지나간다. 물건들이 떨어지고 날리며 굴러간다. 마치 누군가에게 떠밀리듯 걸으면서 그녀는 딸꾹질하듯 끄윽끄윽 괴롭게 숨을 쉬고 있다. 그러다 갑자기 걸음을 멈춘다. 안에서부터 뭔가가 치밀어 올라 숨을 못

쉬게 한다. 숨을 쉬기 위해 그녀는 두 손으로 무릎을 짚고 토하기라도 하듯 몸을 구부리고 있다. 그러나 헛울음 같은 고통스런 소리만 나올 뿐 숨을 쉴 수가 없다. 동사무소에서부터 계속 따라오던 종찬이 괜찮은지 묻는다. 대답 없이 몸을 구부린 채 고통스럽게 안간힘을 쓰는 그녀의 앞에 길 건너편에 걸린 현수막 하나가 떨어질 듯 바람에 요동치고 있다. "상처받은 영혼을 위한 기도회"라고 쓰인 부흥회 선전 현수막이다.

부흥회가 열리고 있는 교회 안, 음악에 맞춰 함께 찬송하고 기도하는 사람들의 모습이 보인다. 손뼉을 치는 사람, 두 팔을 위로 쳐들고 노래하는 사람, 머리를 깊이 숙이고 기도하는 사람, 울고 있는 여자도 보인다. 그 가운데 신애가 이방인처럼 앉아 있고, 그 뒷줄에 종찬이 앉아 신애를 보고 있다. 전자 오르간의 장중한 음악이 시작되자 목사의 기도가 시작된다. 목사는 연단에서 내려와 신자들 사이를 왔다 갔다 하며 기도하고 있다. 앞쪽에서 누군가의 기침 소리가 들린다. 꽉 막힌 속에서 터져 나오는 것 같은 여자의 기침 소리. 이윽고 그 소리는 울음소리로 바뀐다. 너무나 절절한 울음소리다. 깊이를 알 수 없는 가슴 밑바닥에서부터 터져 나오는 것 같은 그 울음의 주인공은 신애다. 그녀는 깊은 곳에서부터 끊임없이 터져 나오는 고통의 부르짖음을 억제하지 못하는 것 같다. 두 손을 가슴에 꼭 붙인 채 온몸으로 소리 내며 통곡하고 있다. 종찬이 어찌할 바를 모르고 그녀를 보고 있다. 목 놓아 울고 있는 신애의 뒤로 목사가 다가온다. 목사는 기도를 계속하면서 신애의 머리에 손을 얹는다. 신애는 천천히 고개를 들어 허공을 쳐다본다. 울음이 약간 진정되는 듯하다. 속에 있는 것을 다 비워낸 것 같은 텅 빈 얼굴이다.

피아노 학원 내부. 예닐곱 명의 교인들 사이에서 신애가 미소를 지으며 앉아 있다. 그녀가 쑥스러운 듯 망설이다가 말하기 시작한다.

"다시 태어난다는 말……. 전에는 그게 무슨 말인지 몰랐거든요? 그런데 이제 확실히 알게 되었어요. 처음에 우리 김집사님 만났을 때…… 저한테 그러시더라고요. 세상에는 눈에 보이는 것만 있는 것이 아니라 눈에 보이지 않는 것도 있다고……. 처음 그 말을 들었을 때는요, 솔직히 참 우스웠는데 이제는 저도 그 사실을 분명히 여기, 이 가슴으로 느낄 수 있게 되었어요."

신애가 말하는 중간에 교인들이 "할렐루야!", "아멘!" 하고 외친다. 신애의 말이 끝나고 전도사가 기도를 시작하는데 종찬이 학원 유리문을 조심스럽게 밀고 들어온다. 어색하게 성경책을 든 그는 어디에 끼어 앉아야 좋을지 몰라 엉거주춤하게 서 있다가 한쪽에 앉는다. 기도가 끝나고 사람들이 손뼉을 치며 찬송가를 부르기 시작하자 종찬도 따라 부른다. 유리문 뒤쪽의 무심한 거리 풍경이 대조적이다.

일요일에는 교회 앞 도로에서 종찬이 경광봉을 들고 뛰어
다니며 주차 안내를 하고 있다. 교회에 들어가던 신애가 종찬
에게 묻는다.

"사장님은 왜 교회 나오세요?"

"신애 씨, 뭐 오해하고 계시네요. 그기 아이고……. 나도
믿음이 있어요."

"정말 믿음이 있어요? 맹세할 수 있어요? 하나님 앞에 맹
세할 수 있냐고요."

그녀는 하늘을 쳐다본다. 종찬도 하늘을 힐끗 쳐다보고는
다시 신애를 본다. 신애의 눈빛이 너무 진지해서인지 아니면
뭔가 켕기는지 그는 대답을 하지 못한다. 그래도 예배가 시작
되면 신도들과 함께 찬송가를 부르고 있는 종찬. 찬송가를 잘
몰라 다른 사람들과 입을 맞추려고 노력하는 모습이 안쓰럽다.

피아노 교습이 끝난 아이들을 신애가 차로 데려다주고 있
다. 아이들이 모두 내리고 나서 차가 출발하려는데 도로 옆
골목에 십 대 아이 두 명이 보인다. 남자아이가 여자아이를
때리고 있는 듯하다. 신애가 차를 멈추고 천천히 후진한다.
차창 너머로 골목 안쪽의 광경이 보이는데, 맞고 있는 여자아
이는 정아다. 신애가 보고 있는데도 폭력은 계속된다. 정아와
신애의 눈이 마주친다. 신애는 말없이 보고만 있다. 남자아이
의 욕설과 발길질에 고통스런 비명을 지르면서도 정아는 계
속 신애를 보고 있다. 신애는 다시 차를 출발시킨 뒤에도 계

속 룸미러로 뒤를 보다가 황급히 브레이크를 밟는다. 길을 건
너던 삼십 대 남녀가 놀라 쳐다본다. 남자가 다가와 화난 목
소리로 쏘아붙인다.

"무슨 운전을 그따우로 해요?"

"미안합니다. 제가 깜박했네요. 미안합니다……."

옆에 있던 여자가 더욱 사납게 소리친다.

"미안하다면 그만이가? 응? 사람 죽이놓고도 응? 미안하
다 말만 하마 되겠네?"

그렇게 쏘아붙이고 멀어져가는 두 남녀를 말없이 보고 있
는 신애의 얼굴이 화석처럼 굳어 있다. 말할 수 없는 분노와
서러움으로 두 눈에서 눈물이 뺨을 타고 흘러내린다.

경쾌한 음악이 흐르는 경양식집 안으로 신애가 서둘러 들
어온다. 교회 신도 대여섯 명이 모여 있는 한쪽 테이블에 작
은 케이크가 놓여 있다. 신애의 생일을 축해주기 위해 모인
자리다. 김집사가 꽃다발을 건네고 다 같이 축하 노래로 '당
신은 사랑받기 위해 태어난 사람'을 부른다. 노래가 끝나고
사람들의 환호와 박수 속에 신애가 촛불을 끈다. 문득 그녀가
할 말이 있다면서 어렵게 말을 꺼낸다.

"저…… 이번 주일에 교도소로 면회를 가려고 해요. 내게
너무 큰 고통을 안겨준 사람이지만……. 하나님이 원수를 사
랑하고 용서하라고 했잖아요."

"그런데 꼭 면회를 가서 용서해줘야 하나?"

"그럼요. 내가 교도소에 직접 찾아가서 그 사람한테 내 용서를 말하고 하나님의 사랑을 전하는 게 중요하죠."

신애의 눈빛과 목소리는 확신에 차 있는데, 다른 교인들은 걱정스러운 눈으로 그녀를 본다.

일요일 예배가 끝난 뒤 드디어 신애는 목사와 교회 신도들의 응원 속에 길을 나선다. 종찬이 운전을 해주기로 했다. 마산 교도소로 가는 국도는 비교적 한적하다. 뒷자리에 오집사와 박집사가 앉아 있지만, 종찬은 어쨌든 신애와 차를 타고 가는 것이 좋은지 계속 이야기를 늘어놓고 있다. 창밖을 보고 있던 신애가 갑자기 차를 세워달라고 한다. 도로변을 따라 가을꽃이 흐드러지게 피어 있다. 오늘따라 햇볕이 화사하다. 신애는 들꽃 몇 송이를 꺾어 다시 차에 오른다.

교도소 민원실에서 면회 신청서를 작성한 뒤 함께 온 집사 두 명은 밖에서 기다리고 신애와 종찬 두 사람만 접견실로 향한다. 접견실에서 무릎 위에 성경을 올려놓고 앉아 있는 신애는 긴장한 표정이 역력하다. 좁은 접견실로 들어가자 죄수복을 입은 박도섭이 교도관과 함께 들어선다. 그의 얼굴이 생각보다 좋아 보인다. 신애는 들고 있던 꽃을 보여주며 박도섭을 위해 꽃을 가지고 왔다고 말한다. 떨리는 목소리로 말을 계속한다. 자기가 찾아온 것은 하나님의 사랑을 전해주기 위해서라고. 하나님의 크나큰 사랑을 받아들여 죄를 참회할 기회를 주기 위해서라고. 그리고 자신은 그의 죄를 용서하겠노라고.

신애의 말이 끝나자 박도섭은 자신도 교도소에 들어와 하나님을 가슴으로 받아들이게 되었다고 말한다. 그의 말이 신애를 놀라게 한다.

"얼마나 감사한 일입니꺼? 하나님이 저한테, 이 죄 많은 놈한테 손 내밀어주시고, 그 앞에 엎드리가 지은 죄를 회개하도록 하고, 제 죄를 용서해주셨습니더."

"하나님이…… 죄를 용서해주셨다고요?"

"예! 눈물로 회개하고 용서받았습니다. 그라고 나서부터 마음이 얼마나 편안한지 모릅니다. 잠도 잘 자고…… 아침에 일어나자마자 기도하고……."

박도섭의 말이 계속 이어지지만 언제부터인가 신애는 아무런 말도 하지 못하고 있다.

면회를 하고 나온 뒤에도 그녀는 침묵에 빠져 있다. 밀양으로 가는 차 안에서 신애의 얼굴은 돌처럼 차갑게 굳은 채 차창 밖을 바라보고 있다. 아무도 그녀에게 말을 걸지 못한다. 면회를 가기 전과 대조적으로 차 안의 분위기는 무겁게 가라앉아 있다. 종찬은 작은 휴게소에 차를 세운다. 종찬과 두 집사가 화장실에 간 사이 신애도 차에서 내린다. 그녀는 파라솔이 쳐진 간이 의자에 앉아 텅 빈 시선으로 주위를 본다. 이윽고 다시 일어나 매점에서 사과 두 개를 사고 칼을 빌린 뒤 파라솔 의자로 돌아와 사과를 깎기 시작한다. 잠시 후 화장실에서 나온 종찬이 파라솔 아래 앉아 있는 신애의 뒷모습을 본다. 그녀 쪽으로 다가가며 종찬은 뭔가 잘못되었다는 것을 깨닫는다. 그녀가 앉은 탁자 위로 붉은 피가 보인다. 칼로 그어진 신애의 손목에서 피가 무섭게 솟구치며 탁자 위로 번져가고 있다. 신애는 한 손에 칼을 든 채 꼿꼿이 앉아 있고, 깎다가 만 사과 하나가 피에 젖어 빨갛게 물들어가고 있다.

입원실 병상에 누운 신애에게 목사와 교회 사람들이 찾아온다. 말없이 눈만 뜨고 있는 신애의 얼굴이 죽은 사람처럼 창백하다. 목사가 기도를 시작한다.

"아버지 하나님……. 여기 네 원수를 사랑하고 용서하라는 당신의 뜻을 지키기 위해 나섰던 가련한 어린 양이 그 마음의 슬픔과 고통을 이기지 못해 참으로 괴로워하고 있습니다. 이 가련한 영혼에게 구원의 손길을 주시고 죄인을 진정으로 용서할 수 있는 믿음을 허락해주시옵소서……."

"용서요? 어떻게 용서해요?"

신애가 갑자기 몸을 일으키며 소리친다.

"용서하고 싶어도 난 할 수가 없어! 그 인간은 이미 용서를 받았대! 하나님한테! 이미 용서를 받았는데, 내가 어떻게 다시 용서할 수 있어? 내가 그 인간을 용서하기도 전에 어떻게 하나님이 먼저 용서할 수 있어? 도대체 무슨 권리로? 왜? 왜애?!"

그 목소리는 무시무시한 절규와도 같다. 아무도 그 절규에 대답하지 못한다.

마루방의 소파에 혼자 누워 있는 신애의 손목에는 아직 붕대가 감겨 있다. 그녀는 시체처럼 꼼짝도 않고 누운 채 허공을 보고 있다. 손에 들고 있는 작은 휴대용 녹음기에서 준의 목소리가 흘러나온다. 웅변 발표회 때의 씩씩한 목소리다. 아이의 목소리를 반복해서 듣던 그녀가 갑자기 자리에서 일어나 밖으로 나간다.

그녀는 자기가 다니던 교회에 들어간다. 평일 낮이라 기도하는 여자들 두어 명이 보일 뿐이다. 뒤쪽에 앉아 기도하는 여자들의 뒷모습을 보고 있던 그녀가 갑자기 손으로 의자를 두드리기 시작한다. 처음에는 천천히 시작하다가 점점 세게 두드린다. 기도하던 여자들이 놀라 돌아본다. 손바닥이 아프도록 미친 듯이 의자를 두드리며 그녀는 무섭게 부릅뜬 눈으로 제단 위의 십자가를 노려본다.

한 아파트 단지로 신애가 걸어 들어간다. 피아노 교습을 하던 재영의 아파트다. 초인종을 누르는데 집 안에서 피아노 소리가 들린다. 문을 열고 나온 재영의 어머니가 신애를 보고 당황해한다. 신애가 못 온 사이에 새로운 피아노 선생님을 구한 것이다. 집 안으로 들어가자 새 피아노 선생이 아이와 나란히 앉아서 피아노를 가르치고 있다. 재영의 어머니가 부엌에 간 동안 소파에 앉아 있던 신애가 가방에서 옷 하나를 꺼낸다. 준이 생전에 입던 옷이다. 그녀는 아이의 옷을 코에 대고 냄새를 맡는다. 깊이 숨을 들이쉰다. 그리고 다시 옷을 가방에 집어넣는다. 탁자 위에 놓인 새 피아노 선생의 손가방 틈으로 지갑이 보인다. 신애는 지갑을 꺼내 자신의 가방에 넣고는 그만 가보겠다며 자리에서 일어난다.

엘리베이터 안에서 신애는 신나는 일이라도 하고 난 듯이 콧노래를 흥얼거린다. 얼굴에는 엷은 웃음기까지 번져간다. 엘리베이터에서 내려 아파트를 빠져나오는데 뒤에서 재영 어머니와 피아노 선생이 급하게 쫓아와 가방을 보여달라고 말한다. 신애가 소리 내어 웃는다. 기가 막힌다는 것 같기도 하고, 재미있어하는 것 같기도 하다. 피아노 선생이 신애의 가방 안에서 자신의 손지갑을 꺼내자, 재영 어머니가 믿을 수 없다는 표정으로 신애를 쳐다본다. 그러나 신애는 여전히 웃고 있다.

어느 단란주점에서 신애와 종찬, 그리고 회장(재영 아버지)이 술자리를 하고 있다. 회장에게 사과하기 위해 종찬이 만든 자리다. 종찬은 비굴할 정도로 회장에게 허리를 굽혀 사과한다. 회장은 잊을 건 빨리 잊어야 한다며 신애에게 술을 권한다. 신애가 고개를 젖히고 술잔을 다 비우더니 자리에서 일어나 음악에 맞춰 춤을 추기 시작한다. 아주 야하고 음란하게 보이는 춤이다. 종찬도 웃으며 박수를 치지만, 왠지 불안한 표정이다.

신애의 집 마루문이 열리고 술에 취해 몸을 제대로 가누지 못하는 신애를 종찬이 부축한 채로 들어선다. 겨우 소파에 눕

혔는데 갑자기 신애가 종찬에게 욕을 하면서 주먹을 휘두른다. 종찬은 피하지 않고 계속 얼굴에 주먹을 맞고 있다. 이윽고 그녀가 조용해진다. 잠이 든 것일까. 종찬이 조심스럽게 고개를 숙여 그녀를 본다. 눈을 감은 그녀의 얼굴이 아주 가까이 있다. 엷은 숨소리가 들린다. 머리칼이 뺨을 반쯤 덮고 있고, 눈물 같은 것이 속눈썹에 맺혀 있다. 종찬이 고개를 숙여 코끝을 신애의 머리칼에 대고 깊게 숨을 들이마신다. 이윽고 그는 조용히 자리에서 일어나 문을 열고 나간다.

신애가 피아노 학원에서 아이들을 가르치고 있다. 문득 그녀는 아이들을 돌아보며 얼굴을 찡그린다. 어디선가 썩은 냄새가 난다는 것이다. 그녀는 얼굴을 찡그린 채 코를 킁킁댄다. 심지어 아이들을 한 줄로 세우더니 한 명씩 붙들고 냄새를 맡는다. 한 아이를 붙들고 냄새를 맡던 그녀가 갑자기 무슨 소리를 들은 듯이 고개를 쳐든다. 그리고 들려오는 소리를 반복한다. "9, 1, 9, 6, 0……." 더 이상 소리가 들리지 않는 것 같지만 계속 그 숫자를 중얼거린다. 그 숫자의 의미를 알지 못해 몹시 초조하고 답답해하는 얼굴이다.

카센터 사무실에서 종찬과 친구 두 명이 커피를 시켜놓고 다방 아가씨와 시시껄렁한 잡담을 나누고 있다. 신애가 문을 열고 들어오더니 다짜고짜 종찬에게 '91960'이란 데를 아는지 묻는다. 종찬과 친구들은 어리둥절해 그녀를 쳐다본다. 대답을 듣지 못하자, 그녀는 말없이 돌아서 나가버린다.

"목사님!" 교회 앞 주차장에서 차에 타려고 하는 목사를 신애가 부른다. 목사님이 보고 싶어서 왔다고 말하는 그녀는 가까이 다가오면서 묘한 웃음을 짓는다. 신애가 목사의 팔짱을 끼고 쳐다보자, 목사는 피하듯 정말로 바쁘다며 차에 오른다. 떠나는 목사의 차를 보고 있는 신애의 눈빛이 심한 모욕이라도 당한 듯 사납다. 갑자기 고개를 돌려 침을 뱉는다.

밤늦은 시간 경찰관 두 명이 자리를 지키고 있는 파출소에 신애가 들어온다. 몹시 창백해 보이는 얼굴로 눈에 눈물이 맺히는가 싶더니, 울음이 솟구친다. 경찰관이 캐묻자 성폭행을 당했다며 서럽게 흐느낀다. 다음 날 아침, 경찰서 조사실 한쪽 소파에 종찬이 회장과 마주 앉아 있다. 회장은 신애의 거짓 신고 때문에 한밤중에 연행되어 왔다. 화가 나 있는 회장 앞에서 종찬이 고개를 숙인 채 죄인처럼 아무 말도 못 하고 있다. 조사실 한쪽에 얌전히 앉아서 이쪽을 보고 있는 신애.

경찰서를 나오며 종찬이 회장에게 몇 번이고 고개를 숙여 인사한다. 종찬은 회장의 부인을 향해서도 고개를 숙인다. 차가 떠날 때까지 보고 있다가 돌아보면 신애가 그의 차 앞에 서서 기다리고 있다. 시동을 걸고 난 뒤 종찬이 신애를 돌아본다.

"나는 정말로 이해가 안 되거든예······. 신애 씨가 와 이러시는지······."

"난 지금 싸우는 중이에요. ······끝까지 싸울 거예요."

종찬은 말없이 그녀를 쳐다본다. 그녀가 누구와 싸우겠다는 것인지 도무지 이해하기 어렵지만, 그녀의 상태가 아무래도 정상이 아닌 것 같다고 생각한다.

다음 날 종찬은 밀양에서 가까운 표충사에 신애를 데리고 간다. 바람결에 흔들리는 풍경 소리가 한가롭다. 왜 여길 오자고 했느냐는 신애의 물음에 종찬이 대답한다.

"그냥 절에 오면 마음이 좀 평화로워진다 아입니꺼. 우리는 거 뭐꼬…… 불자(佛者)는 아이지마는, 교회 다니지마는, 그래도 이런 데 오마 마음이 좀 가라앉고 편안해진다 아입니꺼."

대웅전 안에서 목탁 소리, 염불 소리가 들린다. 바깥에 비해 대웅전 내부는 좀 어둡다. 문밖에 서서 들여다보던 신애가 대웅전 안으로 들어온다. 금칠한 불상이 미소를 띠며 내려다보고 있다. 신애가 절을 하기 시작한다. 천천히 무릎을 꿇고 머리가 바닥에 닿도록 고개를 숙인 뒤 두 손을 앞으로 내민다. 그 자세로 웅크리고 있는데, 차츰 앞으로 내민 두 손이 떨리기 시작한다. 떨림은 점점 커진다. 마치 눈에 보이지 않는 무언가가 엄청난 힘으로 그녀의 몸을 붙들고 있는 것처럼, 그 손아귀에서 벗어나려고 혼신의 힘을 다하는 것처럼 그녀의 온몸이 사시나무처럼 떨리고 있다. 종찬이 그 모습을 보고 놀라서 들어온다. 그녀의 입에서 고통스런 신음 소리 같은 것이 새어 나온다. 종찬이 일으켜 세우려 해보지만 신애는 마비라도 된 듯 움직이지 못한다. 그녀의 얼굴은 고통으로 일그러

져 있다. 그런 그녀를 변함없는 미소의 불상이 내려다보고 있
다. 겨우 자리에서 일어선 신애는 대웅전에서 나와 마당 한쪽
에 있는 우물로 간다. 바가지로 물을 푸는가 싶더니, 머리에
뒤집어쓴다. 그러고 나서 얼굴을 쳐들어 하늘을 올려다본다.
젖은 얼굴에 햇빛이 차갑게 부딪친다. 말없이 하늘을 노려보
는 그녀의 눈매가 섬뜩하다.

표충사에서 밀양으로 가는 한적한 도로. 종찬이 운전하고
있고, 신애는 뒷자리에 앉아 있다. 말없이 차창 밖의 풍경을
보고 있던 신애가 또다시 어디선가 썩은 냄새가 난다는 듯이
코를 킁킁대기 시작한다. 창밖으로 도로 표지판들이 멀리서
다가와 빠르게 지나간다. 신애가 지나가는 표지판을 보다가
갑자기 소리친다.

"91960! 거기가 어딘지 알았어요. 919번 도로! 빨리 가
요. 지금 거기로 가야 돼요. 급해요."

종찬이 신애의 말대로 919번 도로로 향한다. 이윽고 종찬
의 차가 저수지 근처에 다가온다. 준이 죽어서 버려진 곳이
다. 그곳에 '지방도로 919' 표지판과 '시속 60km' 속도 제한
표지판이 나란히 서 있다. 종찬의 얼굴이 굳어진다. 전과 다
름없이 황량한 풍경을 둘러보는 신애. 참혹하고 끔찍한 기억
에 그녀의 눈 주위가 여리게 떨린다. 들녘을 가로질러 온 바
람에 나무와 풀들이 흔들린다.

둑 아래쪽으로 내려간 신애가 뭔가를 기다리며 초조하게

서성대는 모습을 종찬이 보고 있다. 반쯤 물이 찬 저수지는 전체적으로 황량하고 을씨년스럽다. 그녀의 눈빛이 초조해 보인다. 그녀는 알 수 없는 그 무엇을 기다리고 있다. 분명 자신을 이곳으로 오도록 했으니, 뭔가 이유가 있을 것이라 생각하는 것 같다. 그러나 아무런 조짐도 없다. 갑자기 하늘에서 요란한 폭음이 들린다. 그들의 머리 위로 초음속 전투기가 요란한 폭음을 내며 빠르게 날아서 멀어져 간다. 찢긴 비닐 조각 하나가 바람에 너울너울 날아와 그들 앞으로 지나간다. 신애의 얼굴은 알 수 없는 분노와 실망으로 굳어 있다.

은혜약국으로 신애가 들어선다. 약사복을 입은 강장로가 혼자 자리를 지키고 있다. 그녀는 상담할 것이 있다면서 강장로를 쳐다보며, 왜 그런지 몸이 이상하다며 부끄러운 듯 얼굴을 붉히고 웃는다. 그러고는 강장로에게 드라이브를 시켜달라고 속삭이듯 말한다.

차를 타고 국도 변의 한적한 공터로 온 두 사람. 강장로가 깔개 위에 누운 신애의 가슴을 헤치고 입술을 가져간다. 그녀는 몸을 뒤틀며 흥분에 들뜬 숨소리를 연기한다. 남자의 움직임에 따라 몸이 흔들리면서도 신애는 계속 하늘을 응시하고 있다. 마치 은밀한 농담이라도 하듯 입 모양으로만 말하다가 이내 신경질적으로 말을 내뱉는다.

"잘, 보, 이, 냐, 구……!"

하늘을 노려보면서 갑자기 신애가 퉤, 침을 뱉는다. 흥분에 들뜬 강장로는 알아차리지 못한다. 그녀의 표정이 점점 사나워지며 증오와 적의에 가득 차 다시 침을 뱉는다. 저녁노을 위로 새소리가 수다스럽게 흩어진다.

이미 어두워진 밀양 시내 거리에 상점들이 불을 밝히고 있다. 강장로의 차에서 내린 신애가 혼자 길을 건너는데 차 한 대가 빠르게 달려오다 급정거한다. 신애가 놀라 비명을 지르며 쓰러진다. 황급히 차에서 내린 젊은 운전자가 길바닥에 쓰러져 있는 그녀에게 다가온다. 그러나 신애는 운전자는 쳐다보지도 않고 고개를 들어 하늘을 쳐다본다. 몸이 심하게 떨리고 있다.

"왜 그러는데? 죽이려면 죽여봐!"

하늘을 쳐다보는 그녀의 눈초리가 무섭다. 그녀는 하늘을 향해 위협하듯이 이상한 소리를 지르며 침을 뱉고는 다시 아무 일 없었다는 듯 길을 건넌다.

종찬이 카센터 사무실에서 혼자 늦은 식사를 하고 있다. 탁자 위에 배달된 찌개 냄비와 음식 그릇이 있고, 술도 한 병 놓여 있다. 문 열리는 소리에 종찬이 고개를 돌리면 신애가 서 있다. 표정과 눈빛이 뭔가 이상하다. 신애가 종찬 앞에 앉더니 경상도 말투를 흉내 내며 묻는다.

"하고 싶은교?"

"뭐를요?"

신애는 장난스럽게 두 팔로 뭔가 운동하는 것 같은 동작을 취한다.

"섹스."

신애가 깔깔거리며 웃더니 노래를 흥얼거리기 시작한다. 나미의 '빙글빙글'이다. "그저 바라만 보고 있지……. 그저 눈치만 보고 있지……." 종찬을 놀리듯 보며 그녀는 최대한 우스꽝스럽고 흥겹게 부른다. 종찬이 더 이상 참지 못하고 자리에서 벌떡 일어난다. 속에서부터 터져 나오는 알 수 없는 분노를 어쩌지 못하고 사무실의 기물들을 발로 차고 집어 던지기 시작한다. 짐승처럼 소리 지르다가 고개를 돌려보면, 신애가 사무실 한쪽 구석에 몸을 웅크린 채 겁에 질린 눈으로 쳐다보고 있다. 그제야 그는 감정을 억제하고 사과하려 다가간다. 종찬이 팔을 잡자 신애가 갑자기 비명을 지른다. 공포에 질린 짐승처럼 계속 비명을 지르며 출입구 쪽으로 달아나 문을 열고 뛰쳐나간다. 밤거리를 걸어가는 신애의 뒤를 종찬이 따라가고, 그녀는 돌아서서 주먹질하며 마치 짐승이라도 쫓아내는 것처럼 위협한다. 종찬도 더 이상 그녀에게 접근하지 않고 몇 걸음 떨어져 따라간다. 그는 신애가 집에 들어가는 것을 확인하고서도 한참 집 앞에 그대로 서 있다.

어두컴컴한 방 안에서 신애는 마치 배 속의 태아처럼 몸을 잔뜩 웅크리고 고통스런 신음 소리를 내고 있다. 그러다가 갑자기 자리에서 일어나 불을 켜더니 핸드백을 찾는다. 그리고 잠옷을 입은 채로 마치 외출을 하듯 핸드백만 들고 밖으로 나간다. 신애가 향한 곳은 은혜약국 부부가 사는 아파트다. 거실에 교인 십여 명이 둘러앉아 철야기도를 하고 있다. 초인종 소리에 문을 연 김집사가 잠옷 바람에 핸드백만 멘 신애를 보고 깜짝 놀란다. 그녀를 밀치다시피 하고 집 안으로 들어간 신애는 천연덕스러운 얼굴로 강장로 옆자리를 비집고 앉는다. 강장로가 당황하며 일어나자 신애가 따라 일어나더니 뒤에서 그를 껴안는다. 그는 신애에게 마귀가 씌었다며 뿌리친다. 김집사가 달려들어 팔을 잡아채자 신애가 소리 지르며 저항하기 시작한다. 마침내 사람들의 손에 붙들린 그녀는 덫에 걸린 짐승처럼 소리를 지르고 발버둥치지만 결국 문밖으로 쫓겨나고 만다.

차들이 줄지어 달리는 도로의 중앙 분리대를 따라 신애가 걸어가고 있다. 여전히 맨발에 잠옷 바람으로 어깨에 핸드백을 걸친 그녀의 모습이 지나가는 차들의 전조등 불빛에 드러난다. 운전자들이 경적을 울리며 이 기묘한 모습의 여자를 호기심 어린 눈으로 바라본다. 그녀는 계속해서 고개를 옆으로 돌려 침을 뱉으며 어딘가로 쉼 없이 가고 있다.

어둠을 담고 있는 저수지의 검은 물이 보인다. 저수지의 둑 아래로 신애가 비틀거리며 내려간다. 밤새 걸어온 그녀의 머리는 헝클어져 있고, 잠옷은 흙먼지로 더럽혀져 있다. 그녀는 물가에 서서 하늘을 향해 뭔가 말하기 시작한다. 그러나 분명하게 알아들을 수 없는 말이다. 소리는 점점 격해진다.

주먹을 휘두르기도 한다. 물론 밝아오는 새벽하늘은 아무런 반응이 없다. 그녀는 물속으로 걸어 들어가며 끊임없이 하늘을 향해 소리를 지른다. 의미를 알아들을 수 없는 외마디 절규 같은 소리. 어찌 보면 싸우는 듯도 하고, 야단을 치는 듯도 하다. 자신의 몸이 물속으로 너무 많이 들어온 것도 알아채지 못한다. 어느 순간, 그녀의 몸이 균형을 잃고 물속으로 빠져버리고 만다. 다시 빠져나가려고 허우적거리며 애를 쓰지만 몸은 계속 빠져들고 있다. 마치 어떤 무서운 힘이 그녀를 물속으로 잡아끌고 있고, 그녀는 그것에 필사적으로 저항하고 있는 것 같다. 그녀는 눈에 보이지 않는 존재와 외롭고도 처절한 사투를 벌이고 있는 것이다.

그때 저수지 위의 둑길에 종찬의 차가 도착한다. 종찬과 민기가 급히 차에서 내려 둑 아래로 달려 내려간다. 신애가 이제 막 물속에서 빠져나오고 있다. 온몸이 검은 물로 흠뻑 젖어 있다. 마치 필사의 싸움에서 살아 돌아온 듯한 모습으로 그녀는 거칠게 숨을 헐떡이며 두 사람을 쳐다보고 있다.

쇠창살이 쳐진 정신병원 병실의 창문으로 햇빛이 들어오고 있다. 환자복을 입은 신애가 좁은 독방 한구석에 서서 쉴 새 없이 손뼉을 치며 발을 구르고 있다. 얼굴은 천장을 향한 채. 마치 알 수 없는 의식을 치르고 있는 듯하다. 창문으로 새어 들어오는 햇빛이 무심하다.

몇 개월 후. 작업복 대신 양복을 차려 입은 종찬은 약간 들뜬 모습으로 운전을 하고 있다. 민기와 함께 정신병원으로 가는 길이다. 조수석에 놓인 꽃다발 위로 햇빛이 빠르게 스치고, 차창 밖으로는 밀양의 고만고만한 풍경이 흐르고 있다. 말없이 풍경을 보고 있던 민기가 문득 묻는다.

"밀양은 어떤 곳이에요?"

"밀양이 어떤 곳이냐? 뭐라 카겠노······. 딴 데하고 똑같아예. 사람 사는 데 다 똑같지예."

정신병원에서 퇴원 수속을 하고 나서 만난 신애는 한눈에도 너무나 변한 모습이다. 얼굴은 부석부석하고 무엇보다 눈에 띄게 기가 빠져 보인다. 그래도 종찬은 오랜만에 신애를 보는 것이 좋은 모양이다. 어색하게 등 뒤에 숨기고 있던 꽃다발을 신애에게 내민다.

민기가 일 때문에 가봐야 한다며 밀양역에서 먼저 내린 뒤 종찬이 신애에게 퇴원 기념으로 외식을 하자고 말한다. 신애가 그 전에 머리를 다듬고 싶다고 하고, 종찬은 동네 미용실로 그녀를 데려간다. 평범한 동네 미용실에 들어가자, 미용사가 돌아보며 인사한다. 자리에 앉은 신애가 거울을 통해 뒤로 다가오는 종업원을 본다. 박도섭의 딸 정아다. 정아도 신애의 얼굴을 알아보고 놀란다. 내색하지 않으려 하지만 긴장된 표정이 역력하다.

정아에게 머리를 맡긴 채 신애는 말없이 앉아 있다. 잠시 가위질 소리만 계속된다. "안녕하세요?" 정아가 작은 목소

리로 뒤늦게 인사한다. 신애도 그녀에게 말을 건넨다. 정아는
소년원에서 미용 기술을 배웠고 학교는 그만뒀다고 말한다.
침묵 속에서 한동안 가위질 소리만 계속된다. 정아의 손은 신
애의 머리칼을 부드럽게 빗질하며 정성스레 가위질한다. 정
아의 손길을 느끼는 듯 눈을 감고 있던 신애가 갑자기 벌떡
자리에서 일어난다. 어깨에 둘러진 가운을 벗어 던지고는 도
망치듯 미용실을 뛰쳐나가 버린다. 쫓아 나오는 종찬에게 신
애가 걸음을 멈추고 따지듯 묻는다.

"왜 나를 그 집에 데려갔어요? 왜 하필 오늘, 하필 그 집이
냐고요?"

신애는 문득 고개를 들어 하늘을 노려본다. 마치 이런 식
으로 용서하고 화해하도록 하는 것이 당신의 방식이냐고 묻
는 듯이. 종찬도 영문을 모른 채 함께 하늘을 쳐다보다가 걸
어가는 신애의 뒷모습을 본다.

신애가 자기가 살던 동네로 들어선다. 몇 달 만에 보는 거
리의 풍경과 사람들의 모습은 여전하다. 양장점을 지날 때 주
인 여자가 뛰어나와 병원에서 언제 나왔냐고 반갑게 인사한
다. 그녀는 가게를 가리키며 신애가 조언했던 대로 인테리어
를 밝은 색으로 바꾸고 나니 매상이 올랐다고 말한다. 그리고
신애의 자르다 만 머리를 발견하고는 머리 모양이 왜 그러느
냐고 묻는다.

"미용실에 머리하러 갔다가…… 마음에 안 들어서 자르다

가 그냥 나와버렸어요."

"미쳤는갑다! 마음에 안 든다고 자르다 말고 그냥 나오 나?"

말을 해놓고 나서, 양장점 여자는 자신이 실수한 걸 깨닫고 미안한 듯 웃는다. 신애도 함께 웃는다.

집에 돌아온 신애는 좁은 마당에 의자를 내놓고 가위를 들고 앉는다. 그리고 탁자에 거울을 세워두고 혼자서 머리를 자르기 시작한다. 대문이 열리고 종찬이 들어온다. 그는 잠시 혼자 머리를 자르고 있는 신애의 모습을 지켜보다가 다가온다.

"내가 들어줘도 되겠지예?"

종찬이 신애 앞에서 거울을 들고 선다. 그녀는 종찬이 들고 있는 거울에 얼굴을 비쳐보며 계속 머리를 자른다. 잘린 머리카락들이 옷 위로 떨어지다가 바람에 날려가기 시작한다. 바람에 날려 흩어지는 그 머리카락들을 카메라가 천천히 따라가면, 마당 한쪽의 깨진 시멘트 바닥에 고인 빗물이 보인다. 주위에는 지저분한 낙엽 같은 것들이 떨어져 있다. 기울어진 햇볕에 엷게 반짝이고 있는 수면 위로 머리카락들이 떨어져 바람에 여리게 흩날린다. 카메라는 거기에 오래 머물러 있다.

감독

각본

제작

··· 생일 (이종언, 2018)
·· 버닝 (2018)
······································· 도희야 (정주리, 2013)
························ 화이 : 괴물을 삼킨 아이 (장준환, 2013)
·································· 여행자 (우니 르콩트, 2009)
································· 두번째 사랑 (김진아, 2007)
······································· 밀양 (2007)

조감독

······························· 그 섬에 가고 싶다 (박광수, 1993)

기획

································· 우리들 (윤가은, 2016)
······························· 싱글라이더 (이주영, 2016)
···················· 화이 : 괴물을 삼킨 아이 (장준환, 2013)
································· 도희야 (정주리, 2013)

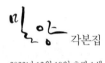 각본집

2022년 12월 19일 초판 1쇄 발행

지은이   이창동

펴낸곳   도서출판 아를
등록   제406-2019-000044호 (2019년 5월 2일)
주소   10881 경기도 파주시 문발로 139, 407호
전화   031-942-1832
팩스   0303-3445-1832
이메일   press.arles@gmail.com

아를ARLES은 빈센트 반 고흐가 사랑한 남프랑스의 도시입니다.
아를 출판사의 책은 사유하는 일상의 기쁨, 아름다움을 발견하는 즐거움을 드립니다.
◦ 페이스북 @pressarles ◦ 인스타그램 @pressarles ◦ 트위터 @press_arles